大東亜の嵐

誰も語らなかった
真実の満州と日本軍

西山　進

明窓出版

はじめに

歴史というジャングル探検が好きである。

そこでは多くの人々が、それぞれの人生という可能性の中で戦っている。

そんなジャングルの中で、『影佐禎昭《かげささだあき》』に出会った。静かなる武士である。

経歴を見ると陸軍大学校首席とあるが、そうすると恩賜の軍刀を拝受し、軍服の裾《すそ》には天保銭のバッチを付けていたことだろう。

満州国にあって、影佐は汪兆銘《おうちょうめい》と日中の平和路線を模索した。

しかし、利害という岩壁がそこに立ちはだかった。

影佐はその壁に果敢に立ち向かったが、満州には、果てしないように広がる大きな夢の中に、厳しい、現実の嵐が吹きあれていた。

夢は、破れるためにあるのかもしれない。

この影佐のアジアの夢を、今、谷垣禎一が引き継いでいる。
こうなると書かねばならない。
アジアの平和を求める男達の歴史を。
今、谷垣禎一に受け継がれている、影佐が果たせなかったこの夢を。
アジアの解放を目指した、大東亜構想の燃えるようなロマンを。
その物語を……。

大東亜には、満州の草の香りがする。

■大東亜の嵐■　目次

第一章　我が国の歴史認識と宗教問題

戦後七十年を迎えた現在の我が国の実態について検証するには、昭和二十年八月の大東亜戦争敗北という歴史を直視し、そこから展開した事象をあらためて確かめなければならない。

戦争に負けるという事は、主権を奪われるという事である。企業で言えば倒産である。負けた瞬間に、主権は戦勝国に移動する。

日本国の主権は、ＧＨＱに移動したのだ。

多数のアメリカ合衆国軍人とアメリカの民間人、少数のイギリス人やオーストラリア人など、四十一の勝戦国で構成された連合国軍の総司令部は、『連合国軍最高司令官総司令部』、略称ＧＨＱと呼ばれた。

それを率いたのがダグラス・マッカーサー陸軍元帥で、終戦当時の我が国における最高の決定権を持つ人物となる。

マッカーサーはまず、日本国の国教である日本神道の凍結を行う。彼が目指したのは、日本神道を国教とする国家体制を、キリスト教を国教とする体制に変える事であった。

はたして、それは成功したのか。

明治以降に欧米諸教会の伝道局によってミッションスクールが数多く設立されたが、現在我が国のキリスト教信者数は人口の一割にも満たない。

残り九割の日本人は、多宗教信者であろう。

もちろん全ての日本人に当てはまる訳ではないが、正月や子どもの誕生、七五三では宮参り（神道）、クリスマスと結婚式はキリスト教で祝い、亡くなると仏式（仏教）で弔う。生活に都合の良いように、様々な宗教を使い分ける、世界でも類を見ない多宗教国家になったのである。

そういう意味では、神道一筋の日本国民を多宗教信者に変えるという事で、宗教の国際化は果たせたのかもしれない。

この柔軟性は、どこから生まれたのであろうか？

学校教育で教えられている歴史の中に、原因があるのではないだろうか。

アメリカは、キリストという恐れ多い神を頂点に置く宗教で我々を縛って、日本を統治しようと考えた。

神道で奉っている日本の神はおおらかだ。少しくらいの事では怒らない。しかし、キリスト教は違う。キリスト教によると、人間は常に罪を犯しているらしい。教えに反する事をすると反省し、告解などして許しを請わねば救われない。常に懺悔、常に反省。救いの喜びよりも、救われない恐怖観で我々を洗脳し、まとめようとしたのではないだろうか。

しかし、布教はうまく行かなかった。

次にアメリカが取り組んだ事は、民族としての歴史認識である。

戦前の歴史教育は、神話と寓話と事件が混ざった昔ばなし的なものであった。神話や日本的な寓話は、民俗の基本的考えを作ってしまう。

アメリカが日本を統治していく上で、彼らの価値観と違う考え方は好ましくない。歴史は昔ばなしではなく、事実に基づいた年表をもって学ぶものである。

そうして戦後と戦前で大きく歴史学が変わっていった。

歴史の中からは昔からの教えが取り除かれ、年月日と事実結果のみ記される歴史学に転換した。年表上の歴史だけでは歴史認識は難しい。

歴史は勝者によって書かれるものだ。我が国においては書き直しこそないものの大きく削除された部分があったようだ。

アメリカによって閉じられた我が国の歴史学を今一度解き開き、歴史の再認識を試みるべきだと思う。

そこで、今、封印された日本の歴史を語ろうと思う。

谷垣禎一の故郷は京都府福知山である。

京都市、伏見市（現在の京都市伏見区）に続いて府下で三番目に市制を施行した、現在人口八万人の市である。市の中央を由良川が悠々と流れる、古くからの交通の要衝《ようしょう》の地である。

福知山は、戦国時代には明智光秀の領地であった。織田信長を討ったため謀叛人の烙印を押されてしまったが、地元では良主として民に慕われていた。

また、日本で唯一、光秀を祀った神社が市の中心にある。先の大戦では、南京の中山門に一番乗りした福知山第二十連隊があった所でもある。

谷垣の父親、谷垣専一は大正二年に福知山市の造り酒屋の五男として生まれた。東京帝国大学卒業後、農林省を経て衆議院議員となる。

父親が代議士だった事で、禎一は東京で育ったが選挙区は故郷の福知山である。

彼のアイデンティティの形成には、故郷福知山と後に述べる満州が大きく影響している。

先に述べたように、古代からの日本史、特に天皇家の歴史はアメリカによって大きく歪曲、封印された。

アメリカ建国の歴史は、一七七六年の独立宣言から始まる。

それと比較して、我が国の歴史は旧石器時代から始まっている。

縄文時代に入っての生活は、青森の三内丸山遺跡で当時を想像する事ができる。自給自足の、かなり豊かな生活と文明があったと思える。

この頃のヨーロッパが環地中海文明であったように、我が国も日本海を取り囲む環日本海文明の中にあった。日本各地で発掘された品々に、大陸との交流、交易があった事が証明される。

縄文から弥生、古墳時代と時を追うごとに大陸との関係はますます濃く深くなってゆき、生活レベルも向上する。

しかし、文明進歩の副産物は戦争だ。

西暦四〇〇年頃、我が国は朝鮮半島において大規模な戦争に参戦する。

朝鮮半島における当時の日本の勢力域であった任那《みまな》、加羅《から》、安羅《あら》と組んで、新羅を倒すべく、我が国と任那は倭国として百済、高句麗を支援した。この任那の熱い血統が、後の満州で覚醒する事になる。

さかのぼって天智天皇の時代、六六三年八月二七日から翌二八日にかけて朝鮮半島の錦江河口付近一帯で倭、百済の連合軍と新羅、唐の連合軍が激突した。白村江《はくすきのえ》の戦いである。

歴史的な第一次日本海海戦の始まりであった。

旧唐書（唐の成立から滅亡まで約三百年を記録した歴史書）によると、日本水軍約千隻は、激闘の末、四割の船を失い屈辱的な大敗を喫している。

数の上で勝っていた日本軍であったが、唐の優れた技術を駆使して造られた巨大軍船の破壊力には歯が立たなかった。

大伴家持《おおとものやかもち》始め多くの文官がこの壮絶な敗戦の様子を、対岸の上対馬大浦にて驚きと恐怖と悲しみの目で眺めていたのだろう。

家持はこの時の事を、
海行かば水漬《みづ》く屍《かばね》　山行かば草生《くさむ》す屍
大君《おおきみ》の辺《へ》にこそ死なめ　かへりみはせじ
と詠んでいる。

明治になってこの詩に曲がつけられ、海軍における葬送の歌として用いられるようになった。

白村江の戦いは、その後に数多く展開される、他国を相手にする日本海上での争いで、初戦となったのである。

白村江の戦いの後、元寇と呼ばれる日本侵略を狙う蒙古軍との二度の戦いへと続いていく。

一度目は一二七四年の文永の役、そして二度目が一二八一年の弘安の役であった。

それからの日本は群雄割拠して、天下をうかがう戦国の世となっていく。

秀吉がまとめあげる迄の約三百年の間、異国にかまう余裕はなかったのであろう。

世を治めた秀吉は、いよいよ大陸進出を試みるが失敗に終わる。惨敗を喫した文禄・慶長の役である。

秀吉の没後、徳川に権力は移り江戸時代には海外進出はおろか、日本は鎖国の体制を敷くようになる。

家康の巧緻《こうち》という土台を持った徳川幕府の江戸時代は、比較的長期にわたり安定した時代であった。

しかし、長く続いた江戸時代も終焉の時を迎え、時は明治へと移る。

一九〇四年、日露戦争におけるロシア・バルチック艦隊と東郷元帥率いる日本海軍との日本海決戦が勃発。日本海がまた戦場となった。

日本民族の血をつなぐための戦いがまた繰り返され、この後も続いていくのである。

ここまで簡単ではあるが、歴史の背景に触れ話を進めてきた。

我々は常に脈々と流れる、歴史の大河の中にある。

谷垣禎一個人も、我々日本国民も、歴史という長流に泳いでいる。

長い長い河の流れの中で、生きる糧となったもののひとつが『宗教』である。

しかしながら、救いとなるはずの宗教が争いの種を生んでいる。

世界三大宗教とされるキリスト教、イスラム教、ユダヤ教（＊『世界的宗教（普遍的宗教）』の分類で言う『世界三大宗教』であれば仏教、キリスト教、イスラム教の三つを挙げるのが普通だが、『教社会学』ではキリスト教、イスラム教、ユダヤ教と言うことがある）。

キリスト教の大本は旧約聖書と新約聖書であり、ユダヤ教は旧約聖書の中のモーゼ五書（創世記、出エジプト記、レビ記、民数記、申命記）とタルムードである。

イスラム教の大本は、聖書に登場する預言者たちの教えを最後の預言者ムハンマドが編集完成させた書物、コーランである。

この世界三大宗教はいずれも『一神教』である。すなわち、他の神を認めない唯一神を教義とする宗教である。

それと比較して、我が国の宗教のなんとおおらかな事か。

世界中で繰り広げられる宗教に絡む争いは、日本人にとっては対岸の火事であり理解もしづらいと思う（しかしながら近年は、知らぬ存ぜぬとはいかなくなってきているが）。

それぞれの宗教、思想を大本に、自らが信じる宗教の分布拡大を行い、『利権』を求め、争いを引き起こしている。

全世界の対立の原因は『利益』か『宗教』だと思う。

この対立のエネルギーが世界政治を動かし、時代を造り、歴史を造る。

我が国でも採用している週七日制は、聖書に記されている天地創造の神が世界を造った七日間に基づいている。

神は日曜から世界の創造を始めたので、西暦では日曜から始まり土曜で終わる。

始まりの日曜は、イエスキリストの復活した日であり安息日となっている。

交通機関の発達により地域間の交流が盛んになりだすと、秀でていたヨーロッパの生活習慣が、キリスト教徒であるかないかに関係なく各地域に拡がりだす。

一週間を七つに区切る発想も、宗教とは関係なく世界中に浸透した。非常に便利で合理的な考え方であったのだろう。

歴史や宗教は、人類に多くの知恵を授ける。

知恵を授かった人間は、生きるための様々な試練の修行を経て、幾代も幾代もと子孫をつなげていった。

我々も、谷垣禎一も、こうして誕生した人間の一人である。

第二章　満州国誕生

白村江の敗北により一二〇〇年以上たった明治時代に、日本は『任那日本府』の再現を試みようとした。

聖書でいう約束の地への帰還のごとく、日本人は中国大陸へとなだれ込んだ。日本人のＤＮＡに刻み込まれたアジアの息吹が、目覚めたのである。

日露戦争に勝利した日本に対し当初ロシアは強硬姿勢を貫き、戦争賠償金請求にはいっさい応じないという最低条件で交渉に臨む。

明治三八年（一九〇〇年）九月五日、アメリカの斡旋により日露間で妥協し、ポーツマス講和条約が結ばれた。

鎖国を解いてから、まだ三七年目の事であった。

日露戦争前、ロシアはその巧みな外交交渉によって、中国から遼東半島の大連、旅順などの関東州の租借と、満州の大動脈として建設中の東清鉄道（後に満州の一部となる）の鉄道敷設権を手にしていた。

講和条約で日本が得たものは、樺太の南半分の領土と遼東半島に置かれた軍港大連と旅順を含む関東州の租借権、東清鉄道の長春以南の権利と付属地の炭坑の租借権、朝鮮半島における優越権、ロシア沿海州沿岸の漁業権などであった。

後にこの東清鉄道がモンスター企業の満鉄（南満州鉄道）へと変貌していく訳であるが、この当時の評価は驚くほど低かった。というより、日本は東清鉄道の経営実態を何も把握していなかったのである。

そもそも日露戦争はロシアの南下政策が問題であり、経済的な観点ではなく国防を重視した日本の決断で始まったものであった。

勝者の体面はかろうじて保てたものの、戦争中に過酷な我慢を強いられた日本国民たちが期待した賠償金を得られなかった日本政府の立場は、非常に厳しいものであった。

納得のいかない国民の憤りは、日比谷焼き討ち事件へと発展する。

日本国政府が厳しい財政状況を説明し、満州の可能性を見極めて国民に説けば無用の混乱は避けられたかもしれない。

しかし、当然ながら国家財政を明かす事はできないし、政府が満州国の可能性に気づいていなかったのだから世論を押さえる事ができなかったのも無理はない。

そんな中、アメリカは世界を観ていた。この東清鉄道をアジアとヨーロッパの架け橋にしようと考えた男がいた。

アメリカの鉄道王、ハリマンである。東清鉄道とシベリア鉄道をつなげ、ユーラシア大陸の大動脈にしようと考えたのである。

東清鉄道の権利を手に入れた日本は、まだその価値に気づいていなかった。莫大な利益を生む可能性に日本が気づく前に、ハリマンは素早く行動を起こした。

来日したハリマンは当時の内閣総理大臣であった桂太郎に、中国大陸での鉄道事業の共同経営を持ちかけたのである。戦後の財政の悪化を懸念していた桂首相は、米国資本の参入を景気好転のチャンスと観てハリマンとの契約に意欲的になる。

しかし先のポーツマス講和会議で、ロシア人との厳しい交渉の末にやっとの思いでロシアから獲得した東清鉄道の経営に、他国の人間が参入する事に断固反対した小村寿太郎は、桂太郎の推奨する計画を白紙撤回させた。

このように日本は、『満鉄』へと成長していく東清鉄道を単独で手に入れたのである。

しかし、日本にはもう一つ越えねばならないハードルがあった。日本が得た東清鉄道の権利はロシアの持っていた権利分だけであり、清国のそれは別物であった。清国はロシアに、大連から旅順迄の租借権を与え、鉄道建設を認めた。日本はロシアからその権利を勝ち取ったのだが、潜在的な主権の存在する清国にその権利を認めさせなければならない。

そのため、小村寿太郎は北京に乗り込み、返す刀で清国と満州に関する条約を十二月二二日に締結させた。日清条約（「満州善後条約」）である。

こうした難産の末に、満州国は誕生したのである。

一二四二年前、任那日本府が白村江の戦いで失ったアジア協調の思いがここに再臨した。

この満州国誕生のきっかけとなった日露戦争には、もうひとつのドラマがあった。一九〇〇年当時の日本には、ロシアと戦う資金がなかった。それを助けてくれたのがアメリカの銀行家ジェイコブ・シフであった。

日銀副総裁であった高橋是清は、戦費となる外債の引き受け手もなく資金も枯渇した状態に困り果てていた。

そんな折、ある銀行家のパーティがきっかけで、誰も引き受けてくれなかった五〇〇万ポンドの公債をシフ氏が引き受けてくれる事になる。

こうして、一九〇四年五月に日本は戦時国債を発行する事ができた。

また彼は、二億ドルの融資を通じて日本を強力にサポートし、以後三回に渡り七二〇〇ポンドの公債を購入してくれた。

日本政府はシフ氏の支援に対し感謝の意を示し、一九〇六年明治天皇より勲一等旭日大綬章が贈られた。

シフ氏の協力を得て帝政ロシア打倒作戦が着々と進められ、彼の力は明治維新後まもない我が国が直面した、日露戦争の陰の大きな力となった。

シフ氏の力添えがあったとはいえ、薄氷を踏むような経済状況下で、講和条約の報償結果に納得しない国内世論は政府批判へと向けられた。政府は世論の厳しい向かい風を受けて、その対応のための政策を遥か満州の地に期待した。

こうして満州は、日本と諸外国がその権益を争う駆け引きの舞台となっていくのである。日本は国策会社である南満州鉄道（以下、満鉄と表現）を中心に関東軍部隊を次々に設立し、満州における支配力を強化していった。

一九三一年、関東軍参謀石原莞爾《いしわらかんじ》が満州事変を決行。関東軍の強い影響の下、愛新《あいしん》覚羅溥儀《かくらふぎ》を元首として擁立し、大満州帝国を建国するに至ったのである。

白村江の戦いから長い長い時を経て、日本人の『夢の国家』としての満州国が産声をあげた。

白村江でかき消された大陸への熱い思いを胸に、再び鬨《とき》の声をあげて大陸への挑戦が始まったのである。

第三章　夢の新幹線誕生

時の政府が発した『満州国を建設せよ』の大号令の中、満鉄の初代総裁、後藤新平は満州全土に拡がる複合企業体の成立を目指した。満州を肉体にたとえると、張り巡らされた大動脈が満鉄路線である。

満鉄のシンボル『あじあ号』が、一九三四年に初めて大連からハルピン間を時速百三十キロで疾走した。現在の新幹線誕生の先駆けとなったあじあ号であるが、そのスタートは厳しかった。

ロシアから獲得した東清鉄道と、日露戦争中に朝鮮半島からの軍事運搬用に建設した安奉線のふたつの鉄道路線からスタートした満鉄は、その維持費用捻出に苦慮した。日本本国での経済資本は既に枯渇している。桂・ハリマン協定に強く反対し、その計画を中止させた小村寿太郎も苦境に立たされていた。満州に産みの苦労が続く。

だが、この満州国の運営が行き詰まりそうになった時に後藤新平が登場する。

後に彼は、児玉源太郎とともに鉄道経営での裏の本業となる様々な事業、満州経営の基本となる『満州経営策梗概』を作成している。

我が国には、明治維新から全力疾走で駆け抜けてきた知恵と根性と幸運があった。

一九〇六年、満州経営委員会が発足し南満州鉄道株式会社が設立、一大株式ブームが起きたのであった。

満鉄に関わる仕事は、鉄道業とそれに付随するホテル、倉庫、鉄道付属地の経営、炭坑と製鉄所、大連港経営と海運業、理工農学の研究開発、経済政策の立案、高等教育と大別された。

一九〇七年に本社を東京から大連に移転。初代総裁後藤新平の下に、総務、調査、運輪、鉱業、地方の五つの部と大連病院、撫順炭坑、東京支社を置いた。

以後は度々の改正によって変更新設を重ね、必要に応じて子会社を作り、企業は肥大化していく。

満鉄は新しく誕生し成長を続ける満州帝国に資金と人材を提供し、満州全域の全てを担う巨大コンツェルンへと成長していった。

これに対し関東軍は、一企業が一国の命運を握る事に反発。満鉄への監督権の強化とともに、日産コンツェルンの鮎川義介と革新官僚の岸信介を満州に招聘《しょうへい》した。

『泣く子も黙る関東軍』と言われたその力は、我々が思う以上に強大であった。

そもそも関東軍は、ロシアとの再戦に備える事を第一使命とし、京都の第十六師団を満州に置いていた。

それに反して中国側は、軍閥が割拠しバラバラ状態に陥っていた。実力者張作霖《ちょうさくりん》は殺害され、石原莞爾、河本大作らが統率力を失った中国大陸で暗躍するのである。

その流れはやがて、満州事変へとつながっていく。

一九三一年（昭和六年）九月一八日午後十時過ぎ、中国東北部の満州国奉天近郊の柳条湖付近で関東軍率いる武力紛争が、萬鉄の線路爆破事件を契機として勃発。

関東軍は中国軍による反攻であると発表したが、実際には板垣征四郎と石原莞爾による自作自演の事件であった。

これをきっかけに板垣、石原の満州領有計画はエスカレートしていった。

南満州の主要都市を占領し、吉林に出兵、日本政府の命令を無視してチチハル、錦州を攻略。関東軍は凄まじい勢いで全満州占領を完遂し、満州独立国家の樹立を成し遂げた。

しかし満州国樹立の陰に、軍内では既に不協和音が生じ始めていた。自分の思想、考え方を貫くためには他を押さえる力が必要である。それには権力が不可欠である。

天才戦術家といわれた石原莞爾と官僚主義の東條英機との間には、どうしても相容れないものがあった。

石原の意見を東條はかたくなに拒む。上司東條のやり方に嫌気がさした石原は、勝手に帰国してしまう。

軍隊における戦線離脱は大罪である。本来ならば大事件であるのだが、石原のかつての盟友であり陸軍大臣であった板垣征四郎の救済により処分を免れ、京都第十六師団への転属で事は収められた。

話は前後したが、関東軍は満州国建国の理念『王道楽土』のために、清朝崩壊で廃帝となった愛新覚羅溥儀を担ぎだした。

それは、満州国の大前提となる『五族協和』の大理想からであった。満州国の土台となったのは『王道楽土』と『五族協和』という大いなる理念と理想の実現であった。

五族とは満州人、蒙古人、漢人、朝鮮人、日本人の事を言う。五族が協和して満州国が成立するのである。

満州国国旗は、この理想を象徴するものであった。黄色地に赤、青、白、黒の四本線が並んでいる。黄色地は満州民族統一を表現し、赤線は大和民族と情熱、青線は漢民族と青春、白線は蒙古民族と純真、黒線は朝鮮民族を表している。

満州にはこれら五族以外にも、ナチスから迫害されたユダヤ系の人や白系ロシア人なども数多くいた。満州は他民族国家であった。

石原は満州を共和制国家としての『東洋のアメリカ』にする事を目指した。

しかし民族間の軋轢《あつれき》はままならず、元首としての大統領選挙の実施は不可能との判断からやむなく、溥儀の皇帝即位に踏み切ったのである。

そうして満州国は、その建国時の理念から少しずつずれ始めてゆく。

日本から巨大な資本が投入され、五族共和の理想から離れて満州の日本化を急速に押し進めていった。

この状況に石原は焦った。

「これでは、五族共和や王道楽土の理念が崩れてしまう」

この立場と理念の違いが、石原と東條の対立の溝を深めていった。

ここで満州国の創立期に大きな影響を与えた、石原莞爾の人間像を見てみよう。

石原莞爾は明治二二年一月一八日に山形県西田川郡鶴岡に生まれた。警察署長の父、石原啓介は旧庄内藩士であり、母カネイとの間の三男だった。仙台陸軍地方幼年学校から陸軍中央幼年学校に進学、成績は優秀であった。宗教家、田中智学を師と仰ぎ、日蓮宗系の熱心な信者でもあった。

陸軍士官学校二十一期を三百五十人中六番の成績で卒業した後、会津若松第六十五連隊の少尉として朝鮮春川に派遣された。

一九二一年、陸軍大学の兵学の教官となり、翌年ドイツに留学、ナポレオンとフリードリッチの戦術を研究した。

この時の研究が、後年の主著『最終戦争論』につながっていった。石原莞爾を世界的に有名にした『最終戦争論』の内容は、ギリシャ、ローマ時代の戦争から説き起こし、フリードリッチ大王の『持久戦争論』とナポレオンの『決戦戦争論』から、政治と軍事の結びつきや戦争の進化、戦術と戦略の分析を解いている。

そして、石原の戦争論は将来の戦争も予測している。「『持久戦争』と『決戦戦争』を繰り返し最終戦争になる。戦争発達が極限に達した時に勝者のみが残り戦争が終わる」

という事である。

石原の最終戦争論は日本が対面しているその時の戦争が発展し、最終的には日米戦争になるという論脈である。そしてそれは、日蓮の予言と合体する。

石原は言う。

「戦争発達の極限に達するこの次の決戦戦争で戦争が無くなるのです。人間の闘争心が無くならずに戦争が無くなるとはどういう事か。国家間の対立が無くなる。即ち世界がこの次の決戦戦争でひとつになるのです。」

石原は最終戦争に勝つためには日本の国内を改造すべしと言った。

このような彼の戦争論は、東條との対立を増大させていった。石原は東條を『思想も意見もない人物』と無遠慮に批判評価していた。

石原の思いとは裏腹に、満州国は軍人と官史によって当初の目標とはかけ離れた強制的な官僚主義により統治されていった。

石原と東條はことあるごとに対立、そして遂に石原は勝手に帰国してしまう。

一九三八年の事であった。

次に、満州国皇帝『溥儀』に触れなければならない。

欲望と利害に取り巻かれた満州国は、難破船のように漂浪していく。

皇帝溥儀も、歴史の大波に翻弄された一人であろう。二歳で清朝最後の皇帝となり辛亥革命によってその座を追われた。

蟄居《ちっきょ》生活の後、満州事変が溥儀の人生に再び輝きを与えた。

日本の後ろ盾のもと満州国皇帝に即位し、

「朕、日本国天皇陛下と精神一体のごとく」

と満州国民に日本との一徳一心を訴えたのであった。

満州に入った溥儀には、甘粕正彦が侍従のように付き添っていた。

我々現代人は、甘粕正彦の評価を間違えているように思う。好意的な評価をする人々も多くいたがその声はあまり残されず、ヒステリックで官僚的な一面がクローズアップされた甘粕の人物像が現在に引き継がれたのではないか。

甘粕は憲兵時代に起きた関東大震災時の大杉栄殺害事件の首謀者とされ、子どもまで殺した悪名高き人物とされている。逮捕起訴された甘粕は十年の判決を受けるも、三年で出所。終生この事件の真相を明らかにする事はなかったようだ。

そんな甘粕が持てる力と人脈を使い、満州国を動かしていく。満州映画協会理事長を務め、東條や後に活躍する岸信介、帝国陸軍影佐禎昭の盟友となるのである。

甘粕は映画の世界でその経営手腕、指揮手腕を発揮した。満映で政策部長を務めたマキノ光雄は甘粕の経営手腕を絶賛している。

甘粕の理事長就任の数日前に、元東宝社長の植村の来満歓迎の宴が開かれた。その席上で、甘粕の人物評価が論ぜられた。

『一介の軍人に文化が理解できるのか』

『ただの満州浪人の親玉ではないか』

等の批判的評価が大半であった。

しかし、満映内の俳優やスタッフの評価は時を経るにつれ高くなり、その存在は満映に不可欠なものとなっていった。

敗戦後の八月二十日早朝、甘粕は服毒自殺でその波乱に富んだ人生を終えた。

新京で行われた葬儀には、甘粕を慕う多くの人が集まったという。今も築地本願寺では、毎年八月に甘粕の法要が行われている。

第四章　岸と影佐。運命のライバル

人は己の人生に夢を描きながら生きようとする。

岸と影佐は同世代として生まれ、満州にそれぞれの夢を描こうとした同志でもありライバルでもあった。

二人の歴史の舞台は満州。

影佐は明治二六年三月七日広島県沼隈郡柳津村（現在の福山市）に生まれた。岸より三歳年上である。

大正三年五月二八日陸軍士官学校（二十六期）卒業。大正十二年十一月二九日陸軍大学校を首席で卒業、成績優秀な卒業生として恩賜の軍刀を与えられ将来を保証された。

昭和十二年十一月一日、参謀本部謀略課長に命じられる。処世にたけた鋭い謀略家との評価もあるが、評価の多くは彼を頭脳明晰な好人物とし、他の特務機関の人間とはかなり違っていたようだ。影佐は石原莞爾らと同じく、陸軍の中で和平案を貫き通そうとした人物であった。

一方、岸信介は明治二九年十一月十三日に山口県吉敷郡山口町に生まれる。父は同じ町の佐藤家へ婿養子として入り、佐藤信介として誕生した。弟は佐藤栄作である。

父の実家である『岸』の名を残すため、信介は岸家の養子となり、名を『岸信介』と改める。

大正三年山口中学を卒業後上京、受験準備のため予備校に入る。

しかし『花の東京病』に取り憑かれた信介は勉強そっち退けで映画や芝居見物に明け暮れる毎日を送り、第一高等学校の入学試験の成績はビリから二番目という有様であった。ぎりぎりで入学できたように見えるが、その後の東京帝国大学時代の岸の秀才ぶりは様々に語り継がれている。

それぞれの境遇のもと、影佐と岸は満州に向かう。


満州では東條英機が、徐々に権力を蓄えつつあった。

東條英機は明治十七年七月三十日、東京に生まれた。

陸軍士官学校十七期生で一浪して陸大へ進む。大学卒業後の経歴は、陸軍等制派の主立った一人として関東軍参謀長、近衛内閣時の陸軍大臣、一九四一年には日本帝国内閣総理大臣、内務大臣、外務大臣、文部大臣、商工大臣、軍需大臣などを歴任した。

突出した経歴を持つ人物であるが、その評価は様々だ。政治力は別として、東條のような立ち位置にいる人物を総理大臣にする事は、満州の利権を守るために非常に重要な事であった。

本土にいる者が総理大臣になると、満州の利益は本土に取られてしまう。満州で生まれた利益は、満州で運用拡大されなくてはならないのだ。総理大臣は何としてでも、関東軍とつながりを持つ者でなくてはならない。

遥か満州の地で、日本帝国総理大臣選の選挙活動が行われ、その活動資金は阿片であった。この図を岸信介が考え、東條が動いた。

イギリス政府による阿片戦争の事例から、満州の財政を阿片で賄う事を学習した日本は、公然の秘密として阿片事業を推し進めた。

彼らには、満州のためという免罪符がある。阿片は満州のための、延《ひ》いては日本帝国のための必要悪であった。

ここから岸と東條の蜜月がスタートするのである。

多い時には、年間予算の三十パーセント近くを阿片で調達した。

しかし阿片の権利には民間、軍、地元などの権力構造が隙間なく張り巡らされていて、軍の力をもってしても統廃合は難しかった。

そこで考えたのが、既存のルートには触れず全く新しいルートを開発する事であった。

新展開は、一九二五年から始まった。奉天の料亭瀋陽館の一室に、関東軍参謀石原莞爾中佐、甘粕正彦、松井石根《いわね》、そして東亜同文書院の里見甫《はじめ》が集まった。

話の焦点は、中東阿片への切り替えであった。熱河《ねっか》省方面の中小零細の阿片業から、中東方面での大量大規模阿片産業への転換が図られたのである。

これを契機に、阿片なくして満州なし、満州なくして阿片なしという日中阿片戦争が始まる。東條は大日本帝国内閣総理大臣の座と、阿片という、とんでもない代物を手にしたのである。

アジアを白人の植民地支配から解放し、日本を中心とする大東亜共栄圏を建設する、その大義名分の後ろには、石油を始めとする鉱物資源の確保という、最大にして不可欠の目的があった。戦前の日本国政府が、支那事変を含めて『大東亜戦争』と呼んだのは、戦争の目的が『大東亜共栄圏』の建設にあったからである。

しかし戦争計画は、アジア圏だけに留まらず大きく拡大していき、遂にアメリカとの戦いへと進んでいく。

アメリカはこの戦いを、『太平洋戦争』と名付けた。日本人にとっての太平洋戦争とは『満州事変』『日中戦争』『大東亜戦争』三つの戦争を指す。

戦争を渋る日本にアメリカは、A（アメリカ）B（イギリス）C（中国）D（オランダ）包囲陣で囲み追いつめていく。

アメリカの挑発に山本五十六長官は、「一年間は持ちこたえる事ができる。開戦となった場合は一年以内に和睦をする事」と軍に提言する。

アメリカ留学経験のある山本五十六は、留学中の大正九年二月にメキシコを訪れ、メキシコ石油の可能性を調査していた。

昭和十五年、一〇〇万バレルの石油を積んだタンカーが徳山港に入港。山本は既に、対米戦に備えた石油の確保を始めていた。

我が国が米英蘭との戦争開始を最終決定したのは、昭和十六年十一月五日の御前会議の時である。

戦争を遂行する陸海軍の最高責任者、杉山元参謀総長も、海軍の永野修身軍令部総長も、アメリカを相手に大勝する自信がなかった。

昭和天皇がこの二人に、勝算を尋ねられている。杉山は絶対ではなくとも勝てる算があると楽観的に述べ、永野は自己の見解として勝てるかどうかわからない、と素直に述べている。

また陛下に作戦の終了時期を問われ、三か月程度で片がつく見込みです、と答えた杉山に対し陛下は、未だに終了していない支那事変を例にとり、杉山の日和見的感覚を厳しく叱責された。

杉山、永野と同じく首相の東條も「戦争の短期集結は希望する所にして、種々考慮する所あるも名案なし。敵の死命を制する手段なきを遺憾とす」と、アメリカを屈服させ、短期決戦へと導く決定的な手段がない事を深く憂慮していた。

当時も今も、我が国はエネルギーの国内産出量がほとんどなく、石油や鉱物資源の確保は戦争のための大きな課題であった。

日本は短期終結への望みを託し、継続したエネルギー確保の保証がないまま、開戦への道を進んでいったのである。

A級戦犯に指名された開戦時の大蔵大臣であった賀屋興宣《おきのり》は、東京裁判の被告席で「軍部は突っ走ると言い、政治家は困ると言い、北だ南だ、国内はガタガタで、ろくに計画もできずに戦争になってしまった。それを共同謀議などとはお恥ずかしい」と当時を語っている。開戦に踏み切るには、準備も計画も戦争指導者も不完全な状態であった。


日本の産業力ではアメリカの敵にはならない、と山本五十六は考えていた。

『登録商船隻数』アメリカ一二七〇七五隻に対し、日本は二四四五隻。日本が一隻造る間に、アメリカは十隻造れるのである。

『航空機生産数』アメリカ二六三〇〇〇機に対し、日本は六二一〇〇機であった。

そしてなによりの懸念事項は、我が国で消費される石油の七五%を、アメリカに依存していた事であった。

戦争となればアメリカは、その供給を断ってくるのは当然の事で、それでも戦争をするのならば、短期決戦しか日本が残る道はない、というのが山本の結論であった。

しかし、軍令部は山本の作戦を認めなかった。陸軍は、長期不敗態勢の構えで大戦に臨もうとしていた。

十月十九日に山本は、広島から上京する黒島参謀に自身の最後通達を託した。

「自分は職を賭してもハワイ作戦を断行する決意である」

日本海軍きっての実力者と軍令部との激しい応酬の末、山本の持ち前の強引さで遂に軍令部が、ハワイ真珠湾攻撃を承認する結果となった。

山本の提案した作戦は、ハワイ、マレー、フィリピン、蘭印《らんいん》（オランダ領東インド、現在のインドネシア全域）ビルマ方面との二正面作戦であった。

しかしあまりの投機的な作戦に、危険が大きすぎると軍令部では反対意見も多かった。

だが、山本は揺るがなかった。具体的な作戦計画は、連合艦隊司令参謀の黒島亀人《かめと》大佐が綿密に計算して練り上げた。

山本の主張は、『ハワイ方面で睨みを利かせている米太平洋艦隊に対して、連合艦隊として打撃を与えておかなければ、南方作戦など落ち着いてやっておれない。南方作戦を成功させるためにも、主力米艦隊を潰しておく必要がある。南方作戦中に、もし米艦隊が来攻すれば、南方作戦を一時中止してもこれを迎撃する間はない。

もし敵艦隊にマーシャル諸島の占拠を許し、敵がこれに多数の戦闘用飛行機を配備して構えたならば、我が方の奪回は困難で、南洋諸島は次々に奪われてしまう。初戦で敵の主力艦隊を壊滅すれば、米国民の士気は衰え、短期間決戦で和平に持ち込める』という期待を込めたものであった。

山本の発案で実行された真珠湾攻撃であったのだが、彼はこの作戦の直接の指揮をとらず、南雲忠一中将に委ねた。現場で指揮を執っていた南雲中将は、第一次攻撃を終えた後、戦争の原理原則から外れて二次攻撃、三次攻撃を行わず本国へ引き返した。

成功したかのように見えた真珠湾攻撃であったが、アメリカの被害は日本側が発表したほど大きくなかった。補給設備は攻撃の対象とならなかったし、撃沈した戦艦八隻のうち、六隻は引き上げられて復帰した。

また、追加的な攻撃がなされなかった事や、人的被害の少なかった事で復旧は早かった。

ハワイ真珠湾作戦は、米国の戦意喪失を狙った山本の思惑通りにならず、逆に奇襲をかけた日本に対する怒りが、日本攻撃のエネルギーとなってしまった。

大本営の本命は南方作戦であるが、ハワイ作戦は山本の強い要望であった。

ハワイ真珠湾で始まり、ミッドウェーで終了した日本海軍の戦い。

多くの尊い命を散らした責任は重い。

真珠湾を攻撃した連合艦隊の司令長官が、南雲中将ではなく山口多門であれば、日本の太平洋戦争はどう変わっていたのだろうか。

第五章　マレーの虎と太平洋戦

大日本帝国海軍連合艦隊によるハワイ真珠湾攻撃作戦は、昭和十六年、日本時間十二月八日午前一時三十分に、攻撃隊発進により始まった。ハワイ現地時間では、十二月七日午前六時となる。

航空機による攻撃は日本時間の午前三時二五分（ハワイ時間午前七時五五分、当時の日本とハワイの時差は十九時間三十分であった）より開始された。

同時進行を予定していたマレー上陸作戦は、真珠湾の攻撃よりも一時間五十分早く始まっていた。マレー上陸作戦は大東亜圏における攻略戦であり、真珠湾攻撃は太平洋各地における攻略作戦の初戦である。

これら攻略作戦を、南方作戦と名付けた。

昭和十六年十二月二日、英海軍東洋艦隊の最新鋭の戦艦『プリンス・オブ・ウェールズ』と巡洋艦『レパルス』の二隻の戦艦が、英国チャーチル首相の指示で派遣され、シンガポール湾に着岸した。

日本軍のマレー侵攻作戦阻止の命を帯びての戦艦派遣であった。

英海軍は日本軍への奇襲攻撃を計画していたが、日本側の防衛の厳しさに計画を中止し引き返しを図った。その途中、日本軍のクアンタン上陸の報が届くと、英艦隊は方向を変え日本軍砲撃を決意する。

しかし、日本軍のクアンタン上陸は誤報で、英海軍部隊は日本軍の空襲圏内に置かれる事になってしまった。日本軍の潜水艦『伊六十五』からの「我敵艦発見せり」との緊急無線で、日本軍の進撃が開始された。

十二月十日午前十一時十五分、索敵機からの報告を手がかりに、サイゴンの陸上攻撃隊が出撃した。元山航空隊、鹿屋航空隊、美幌航空隊の陸攻八十機であった。

第一陣の攻撃は、午前十二時四五分から二時間にわたって続けられ、『レパルス』には爆弾一発と魚雷十四本が、『プリンス・オブ・ウェールズ』には爆弾二発、魚雷七本が命中した（爆弾、魚雷のそれぞれの数は日本軍の主張によるものである）。

午後二時過ぎ『レパルス』が沈没、『プリンス・オブ・ウェールズ』も二時五十分頃に、火焔と黒煙に包まれながら沈没していった。

開戦からわずか三日で、英国海軍が誇る最新鋭戦艦を撃沈。対する日本軍の損害は、陸攻三機のみに留まり、戦争の歴史を変えた大勝利であった。

航行中の戦艦を、航空機のみで撃沈した史上初の戦いであった。

マレー沖海戦を契機に、戦艦は海戦の主役の座を降り、『航空機優位』の時代へと変わっていった。

マレー作戦に引き続き、昭和十七年一月三一日より同年二月十五日にかけ、シンガポール攻略作戦が始まった。

シンガポールは、英国の牙城として難攻不落の最強陣地とされていた。

マレー半島を南下する日本軍の進撃は、予想以上に速かった。軍司令部は、計画を前倒しに一か月早め、占領予定を紀元節の二月十一日とした。

しかし、クアラルンプールから南へ一二〇キロの山岳地帯ゲマスに、連合軍は陣を構え、日本軍に猛攻撃を加えてきた。ゲマスで戦闘を交えたのはオーストラリア軍で、その戦いは五日間に及んだが、日本軍はこれを撃破、シンガポールに向け南下を続けていく。

ジョホールバルの北にあるバクリでは、大隊長を含む二二六名が戦死、一〇六名の負傷者を出すという激戦に耐えた。

シンガポールの対岸、ジョホールバルとシンガポールを結ぶ交通路をイギリス軍が爆破。

戦闘は終日激しさを増して続いたが、日本軍は遂にジョホールバルへ到達、マレー半島での英豪連合軍との戦闘は日本軍の勝利で終結した。

この勝利を率いた軍司令官、山下奉文《ともゆき》の名声は勝利将軍として後世に残り、シンガポールブキテマのフォード自動車工場におけるイギリス軍との停戦交渉で、「イエスか、ノーか」の回答を敵将パーシバルに迫ったという話は有名である。

パーシバルの答えはイエス。昭和十七年二月十五日の事であった。

余談であるが、二者択一の問い方は本人の思惑外であった事と、またそれが誇張報道されて日本国中が沸きだった事を、山下奉文は残念に感じたと記している。

大本営は南方作戦の中でもマレーを重視し、精鋭部隊をこれに当てていた。

また、大東亜戦争の目的であるアジアにおける欧米の植民地政策粉砕のため、特務組織が設立された。

そのひとつにF機関があった。陸軍中野学校出身者数名程度で発足した工作機関は、当時中野学校の教官を兼務していた藤原岩市陸軍少佐に任された。

東南アジア、マレーを中心とする広域の民族作戦は、タイ国駐在武官、田村大佐を補佐し、マレー方面の工作に、インド独立連盟及びマレー人支那人などの反英団を支援するものであった。

『フリーダム・フレンドシップ・F（フジワラ）』の誕生である。

藤原率いるF機関は、陸軍のマレー半島の情報収集のため、神本《かもと》利男を起用。

神本は拓殖大学卒業後、満州へ渡り警察官としての大きな信頼を得ていた。その評価から、民間人で唯一中野学校への入学を認められたその人物は、甘粕の部下でもあった。

神本は、マレー人になりきり現地で盗賊として暗躍していた谷豊を工作員として起用するためバンコクに向かう。

一九一一年、福岡で生を受けた谷豊は、家族と共に二歳でマレーへ移住。二度の帰国を繰り返し、再びマレーへ渡る。当時のマレーでは、華僑の排日暴動が頻発、その犠牲となった妹の復讐のため、主に華僑を狙う盗賊団の一員となった。

しかし遂に、タイ南部ハジャイで逮捕される。神本は、バンコクで投獄されていた谷を、軍の用意した保釈金で釈放させる。

マレー人として生きていく事を望んでいた谷は当初、日本軍への協力を拒んでいたが、神本のイスラム教への理解やその思想、熱意に押され祖国日本のために働く事を決意した。谷豊、二十九歳であった。

『ハリマオ』の誕生と、ハリマオ率いる『ハリマオ盗賊団』の再結成であった。

以降、神本と谷は、谷の最期まで行動を共にした。使命半ばにマラリア感染で死亡した谷は、軍属として戦死の扱いがなされた。

マレー戦線の諜報活動で数々の成果をあげた『ハリマオ』の魂は、藤原岩市の手により英霊として靖国神社に祀られている。

『ハリマオ』や、『神本』が活躍したF機関の長、藤原が南方民族工作を通じて得た、深い感銘のひとつに、民族魂の不滅がある。様々な民族の歴史、文化、習俗、言語、信仰を互いに尊重し合ってこそ、融和連帯が成り立つ。

これを無視して、己の民族のみを尊ぶ奢りと他に同化を強いる事は、木に拠りて魚を求むに等しく、必ず破局を迎えると言わしめている。

アッチェ族（人口百万人）の総決起や、大英帝国に忠誠を誓うインド人将兵が、ＩＮＡを結成決起し、反英武力抗争に及んだ例のように、白人の永年の支配の下で、彼らは虎視眈々とその機を窺っていた。

民族魂を失ったかのように見せかけ、無気力に振る舞いつつも、内深く秘めていた民族の誇りは、転機到来を知るや、ビルマ、スマトラ、ジャワ、インドで爆発。民族魂の凄まじさを実証して見せた。

マレー作戦の中で藤原は、「懸念した作戦は成功し、楽観した作戦は失敗した」と後日談で述べている。


昭和十七年五月一日、自由インド政府の樹立を目指す大インド施策が決定して、岩畔《いわくろ》豪雄《ひでお》大佐を長とする岩畔機関が発足。

岩畔機関は南方軍司令の直属となり、この機関は陸軍軍人数十名、外務省事務官、国会議員、インドに深く関係する業界人や一般の有識者で編成された。

期待以上に大きくなったインド国民軍は藤原の手にあまるものとなり、藤原機関は発展的解消。彼らの行った南方インド工作の成果を岩畔機関に申し送り、藤原は南方軍司令部に復帰したのであった。

昭和十七年一月十日、第十六軍今村均中将が蘭印攻略を開始した。

まず石油を産出するボルネオ島とスマトラ島を押さえるべく攻撃をスタート。

しかし施設の大部分は既に、戦闘による破壊が起きていた。これ以上の破壊を押さえ、できる限り無傷で施設を確保せんがため、スマトラ島では約三百人の落下傘部隊（第二飛行集団挺身第二連帯）のパラシュート降人による占領を実行。主要製油所の確保に至った。

太平洋戦争における我が国の最大の課題と目標『資源の確保』が遂行されつつあった。

第六章　運命の分岐点

確か、遠い遠い昔にこんな日があったはずだ。白村江の戦いの日と同じ、日本が大きな流れに引き込まれていった日。運命のその日が忍び寄っていた。

山本五十六は、対米戦開始のためにはまず、米国太平洋艦隊を撃滅するのが必須であると考えていた。

まずは、真珠湾で討ち漏らした米機動部隊を、どうするかが最重要課題であった。

山本の考えた四つの作戦は次の通りである。

（一）ハワイ再攻略作戦
（二）セイロン島攻略作戦
（三）オーストラリア北部侵攻作戦

(四) ミッドウェー島攻略作戦

戦艦長門の作戦室では、昼夜を問わず議論が続いた。

そんな中、マーシャル諸島空爆に引き続き、二月二十日にはラバウル、二四日にウェーク島と、アメリカ軍の反撃が始まった。

対米戦はハワイ攻略と同じく積極作戦をとるべきであると考えていた山本は、ハワイと日本の中間にあるミッドウェーの占領を絶対条件とした。作戦開始を前に、山本は航空母艦『翔鶴《しょうかく》』と『瑞鶴《ずいかく》』を東京湾近郊に配置させた。

五月五日、大本営はミッドウェー作戦命令を下した。大本営は作戦命令を「陸軍ト協力シAF及AO西部要地ヲ攻略スベシ」と打電。

既に日本軍のほとんどの暗号を解読していたアメリカは電文の『AF』に注目した。AFはミッドウェーなのか、アリューシャンなのか、それとも南太平洋なのか。

アメリカの暗号解読班は一計を案じ「ミッドウェーの真水蒸留装置が故障」と暗号化されていない平文で打電した。早々に反応があり、ウェーク島の日本軍は「AFでは真水が不足」と東京へ打電した。

これを傍受したアメリカは、『AF』がミッドウェーである事を確認したのであった。

さらには、日本軍の攻撃開始日から機動部隊の編成に至るまで、作戦の全てがアメリカに筒抜けであった。

昭和十七年五月二七日、南雲忠一中将率いる第一航空隊が広島湾柱島を出航した。旗艦『赤城』を中心に艦艇百五十隻、航空機一千機、参加将兵は十万名を超す史上空前の大作戦であった。

六月五日午前一時三十分、ミッドウェーの遥か四五〇キロ北西から、第一次攻撃隊が同島の攻撃に向け離陸した。

一方のアメリカ軍は、ミッドウェー守備の海兵隊二四三八名、海軍基地隊一四九四名とスプルーアンス少将率いる空母『エンタープライズ』と『ホーネット』とオーストラリア珊瑚海海戦で大破した『ヨークタウン』の三隻で待ち受けた。

『情報』と『連勝からの慢心』がミッドウェーでの勝敗を分けた。ミッドウェーの海戦を指揮した草鹿龍之介参謀の総括によると、早朝に索敵する場合は黎明二段索敵という方法をとるべきであったとしている。

当時の索敵機としては三百マイル迄が精一杯の性能であり、また当時の日本海軍のレーダー装備は不十分で、偵察は肉眼に頼っていた。肉眼による夜間の偵察は困難であるが、夜明けを待っての出撃では機を逃す。夜明け前と夜明け直前に、同じラインで二機の偵察機を飛ばす必要があった。

しかし、南雲機動部隊は一段索敵しか行わなかったのである。これまでの連戦連勝による自軍への過信と、アメリカ軍の攻撃能力への過小評価があった。

また、偵察で消費される機をなるべく減らして、ミッドウェーの攻撃兵力に当てたいという配慮も働いたのであろう。

アメリカは日本軍の作戦の概要を、無線傍受と暗号解読で事前につかみ、万全の態勢で待ち伏せた。

索敵機は六月五日夜明け前に『赤城』『加賀』の二母艦から各一機ずつ、戦艦『榛名』から一機、それらの中央に位置する『利根』『筑摩』の二巡洋艦からも一機ずつ計五本が、三百マイルまで出される事になっていた。

ところが利根、筑摩からの二機が故障で飛び立てなくなっていた。日の出一時間に出すべき索敵機が予定通り飛び立てず、攻撃隊の出発直前に発進した。一番重要な偵察ラインを飛ぶべき二機のトラブルが、作戦に悪影響を与えたのは言うまでもない。

さらに悪い事に、その一本のライン上にあった敵艦を見逃してしまうのである。付近に空母はいないという先入観によっていた偵察は、致命的な見落としをしてしまったのだった。

ミッドウェーのアメリカ軍基地に向け、悠々と進んでいく日本軍が敵艦を発見するのは、午前四時になってからであった。

しかし時すでに遅しで、待ち構えていたアメリカの攻撃艦隊は、新たな空母部隊を後ろに控え、日本空母部隊に襲いかかってきた。

アメリカの空母不在を前提とした戦い方に、日本軍は後手に回り、攻撃を後回しにして、魚雷と爆弾の積み替え変更を繰り返すという失策を犯す。

午前七時二六分、アメリカ軍の爆弾が空母赤城に命中。

赤城と同様に加賀、蒼龍、最後には飛龍も大破炎上し、日本空母部隊は全滅した。

空母四隻、巡洋艦一隻、二百機以上の航空機と、百二十名以上の搭乗員を含む戦死者三千五百名を失った日本海軍は、二度とその打撃から立ち直る事はできなかった。

日本海軍の中で一人、山口多門は、戦争が艦隊主義から航空戦の時代に代わった事を熟知していた。ミッドウェー海戦に先立ち、戦艦大和の艦上で行われた研究会で、空母を中心とする機動部隊を構成すべきだと述べている。

しかし山口の提案はうやむやにされ、真珠湾攻撃時よりも二隻少ない四隻の空母での出撃となっている。

空母四隻での出撃後、ミッドウェー海域で、敵の機動部隊接近の報を得た山口は、直ちに艦載機を発進、まず敵空母の甲板を破壊して、攻撃機の動きを封じるべきだと主張する。

しかし南雲中将は、艦載機の発進を認めず、敵に先手を許してしまった。

追い込まれていく日本海軍の最後に残った空母飛龍から、敵艦『ヨークタウン』に向かって飛び立つ友永大尉に山口は、

「ひとつ体当たりのつもりでやってくれ。俺も後から行く」と言葉を送った。

左翼のタンクが敵に打ち抜かれ、右翼のタンクだけとなった友永機が出撃。

友永は帰還しなかった。なにより無念な事は、火災もなく航行するヨークタウンを、損傷を受けていない新たな空母と勘違いして、攻撃を決意した事である。

敵の攻撃にさらされながらも『飛龍』は走り続けた。だが機関部に海水が流れ込み、

遂にエンジンが停止する。

山口は死を決意していた。汗と燻煙に汚れた八百名の乗組員たちに向かって感謝の言葉と共に、「自分と艦長は飛龍とともに沈んで、その責任を取る。皆は生き残って強い海軍を作ってもらいたい」と決別の訓示を述べる。

一緒に退艦を願う部下たちの制止をふりきり、山口と加来艦長は、開戦来の緒戦で活躍を続けた『飛龍』と共にミッドウェーの海に消えた。

日本の運命を決めた一戦であった。

第七章　利他消失

一九三一年（昭和六年）一月二三日、参議院本会議において、政友会の松岡洋右議員が幣原《しではら》喜重郎外相に質問を開始した。

「満蒙の問題は、我が国の存亡に関わる問題である。我が国の国防上にも、経済的にも生命線である」

松岡の言う『生命線』とは、日本が満蒙に持っている『特殊権益』の事を指す。『満鉄』も特殊権益のひとつであるが、そのおおかたは表に出せない『阿片権益』が占めている。満州国は、それを牛耳る日本帝国の資金不足の背景のもとに誕生している。満州に眠る可能性を開花させるには、潤沢な運転資金が必要であった。満州国の誕生当初は本国からの資金援助があったが、戦争の足音が近づいてくると、満州にまで金が回らず、資金の不足は拡大する一方であった。

関東軍と満州に関わる官僚は自給策に打って出、その策が阿片であった事は既に述べた。当時の満州国皇帝溥儀に実際の権限は何もなく、日本の国務省のエリート官僚と関東軍に全て牛耳られていた。

その時、岸は「産業行政の問題については、商工省の最も優秀な人物に委ね、軍人から産業行政を取り上げるべきだ。これはいずれ、自分が満州に行ってやらねばならない事である」と語っている。

蟻が砂糖にたかるように人々は満州の利権に群がり、その動きは上海にまでも拡がっていった。

満蒙は少数多民族の集合体であり、国家建設には神輿が必要であった。

神輿の条件には、

(一) 三千万民族に景仰されている名門の出で徳望がある事

(二) 満州族である事

(三) 張作霖とも蒋介石とも合体しない事

(四) 日本と協力しうる事

これらを満たす事が絶対であった。

その神輿となったのが、清朝十二代にして最後の皇帝、宣統帝愛新覚羅溥儀であった。溥儀は孤独で不遇な青春時代を過ごしている。

清朝の崩壊で六歳で退位を強いられる。紫禁城を追われた溥儀は、イギリス公館やオランダ公館にも受け入れを拒絶される。

行き場のない溥儀を受け入れたのが、北京の日本公使館であった。公使館での生活の後、引き続き日本の庇護を受けながら天津で時を待つ。

一九三四年、溥儀は満州国皇帝の座に就く。三度目の即位であった。

満州に入った溥儀には、常に甘粕正彦が侍従のように共をし、また溥儀の正室の婉容《えんよう》には、男装の麗人といわれた川島芳子が付き添っていた。

日本は、本国の中にない日本、満州国を監視するためにスパイを必要とした。溥儀に付き添った甘粕も特務機関の人間であったし、婉容に付き添った川島芳子もスパイである。

戦局が厳しさを増していくうちに、我が国も情報活動の重要性を認識するようになった。日本には忍びの歴史があるが、差別された職業との記録がある。そういった歴史を持つため、後世に引き継がれない職業であった。

貴族であり高学歴である事が条件の英国のスパイとは違い、日本では憧れの職業ではなかったのである。

忍びではない、秘密戦に関する教育と訓練を目的とした日本帝国陸軍の軍学校として、陸軍中野学校が遅まきながら創設された。中野学校の創立精神は『誠の心』である。

陸軍中野学校のような教育機関ができる以前に、情報戦を華々しく戦った帝国陸軍の軍人に明石元二郎大佐、石光真清中尉などがいる。

また、日本のスパイマスターと呼ばれた秋草俊陸軍少将の陸軍中野学校への貢献は大きい。諜報活動員らしく、彼のその人生は謎に満ちている。

敗戦後ソ連に投降、連行されて抑留を経験しモスクワ郊外のウラジミール監獄で死去。獄跡の市民墓地に葬られている。

中野学校は太平洋戦争の開戦を機にゲリラ戦術教育機関へと変貌、『陸軍中野学校二俣分校』が設立される。

陸軍中野学校二俣分校卒業生としての使命を守り抜いた最後の兵が、小野田寛郎少尉であった。

小野田のフィリピンでの投降式では、当時の大統領マルコスも出席し、またフィリピン軍司令官は小野田を『軍隊における忠誠の見本』と評した。ルバング島潜伏の二十九年間を耐えさせた中野学校の教育は、おそらく世界一のものであっただろう。

第八章　大いなる理想、その建前と本音

そもそも満州国とは、『黒龍江』『遼寧《りょうねい》』『吉林』の東北三省から始まり、後に『熱河』が加わって作り上げられた傀儡《かいらい》国家である。

これに『内蒙古《ないもうこ》』を併せて『満蒙』と称し、当時の外相、松岡洋右が「満蒙は日本の生命線」と唱えた。

五族共和、王道楽土の大理想のもとにスタートした満州国であったが、いつしか私利私欲の渦巻く、銃と札束でできた国へと変わってゆくのである。

満州の阿片利権は、誰が采配を振るっていたのだろうか。

紀元前の古くから、鎮痛鎮静や麻酔の目的で薬として使用されていた阿片は、諸刃の刀であった。欧米諸国にも阿片の常用者は多くいたが、摂取の仕方が中国とは異なり、経口服用であった。

ところが中国では喫煙による摂取が主で、経口服用に比べ即効性が強く、より依存性を生じ易かった。欧米諸国では見られず中国で起こった、阿片の乱用による深刻な社会問題発生の所以である。

日本は漸禁《ざんきん》政策と銘打ち、中毒患者の多くいた中国において、徐々に止めさせていくための治療のための薬として、成人中毒患者に阿片購入の許可を与えた。そしてその製造、流通、販売は満州国が統制する事とした。

しかし実態は漸禁政策とは程遠い、公認と拡大の政策であった。阿片の利益は関東軍の特務機関ごとに管理運営されていたが、内閣直属機関として『興亜院』が一括管理する事になる。

阿片政策の指揮権限は、日本政府のもとに置かれた。興亜院設置の前も後も満州における阿片は全て、国務院実業部総務司長の古海《ふるみ》忠之が里見を相棒に取り仕切っていたと古海本人は述べている。

多くの関東軍特務機関の人間が、阿片との関わりを持って任務を遂行していた。

影佐禎昭も梅機関（影佐機関）という特務機関の長であったという立場上、局外者ではおれなかったであろう。

しかし梅機関の第一の任務は、汪兆銘に協力して和平工作を図る事であった。甘粕機関（民間特殊機関）や茂川機関、松機関、興亜機関、里見機関（民間特殊機関）などの阿片と深く関わる特務機関とは、その任務を異にするものであった。

阿片密売に携わった特務機関軍人の中でも、甘粕の動きがひときわ目立っている。甘粕は満州国建国に際して、いくつもの謀略工作を行った関東軍への功績により、満州国協和会総務部長に就任。

昭和十四年、岸信介の後ろ盾で満映の理事長の座に就く。

満映は数ある満州国内の国策会社の中でも、赤字の代名詞を背負っていた。当時の満映にヒット作はなく、上層部はいたずらに交際費を浪費するばかりであった。

理事長に就任した甘粕は、徹底した合理化を行い、社員、俳優を問わず日本人と中国人の給料差をなくし能力主義を導入した。また、宴席で女優をはべらせた高官接待の慣習も廃止させた。

日本人ながら親中派の父親の影響で、中国語を自在に操る事のできた山口淑子、別名『李香蘭』をスターへと育て上げ、満映は次々とヒット作を生んでゆく。

甘粕は岸の期待通りに彼独特の経済観念で、満映の経営を立て直した。

「満州の昼は関東軍が支配し、夜は甘粕が支配する」と言われるくらいに、甘粕の満州での力、特に裏社会との関わりは深いものであった。

満州国の財政を支えた阿片業とその仕組みは、満州国建国以前からあった。栽培地は熱河省、吉林省などが主な産地であったが統制されておらず、有象無象が群がった伏魔殿の様相であった。

興亜院は以前からの生産流通の仕組みには手を付けず、新たなかたちで阿片業に取り組む事にし、企業化された満州国の国家ビジネスにしようとした。

非合法阿片を合法阿片として生産流通させるのであるから、その指揮を執る人物は高い実務能力と、裏社会での力も兼ね備えていなければならない。

選ばれたのは里見甫であった。

この興味深い男、里見甫については、西木正明氏の『其の逝く処を知らず』を是非お読みいただきたいと思う。

後の総理大臣となった大平正芳も、若かりし日、満州にいた。

興亜院の経済第一課に在籍していた。この課の仕事は、阿片の生産から買い付け、販売の管理であった。

そこには岸を筆頭に、後の日本をリードする佐藤正義、佐々木義武、佐藤一郎たちの若い姿があった。

このような中で影佐禎昭は、汪兆銘との和平政権の設立に動いていた。

一時的に自分が売国奴と批難される事には耐えよう、と汪兆銘は言った。

自分は地位や名声は求めない。自分は孫文先生の忠実な弟子として日本との和平を求めようとするだけだ。言論で重慶政府を和平に転向させる事は不可能だろう。重慶はもはや日本政府の言動を信じていない。ならば自分たちがまず和平政権を樹立、成功させ、それを見た民衆や重慶政府が、自然と私たちの方に歩み寄るようにしなくてはならない。今後、この状況を打開するためには、日本は耳障りのいい事を言ったならばそれを必ず実行して信用を勝ち得なくてはならない。

汪兆銘は熱く語った。将来、自分たちが軍隊を持ったとしても重慶政府と戦うような事や中国人同士が殺し合う事の絶対にないようにと、汪兆銘は影佐に強く訴えた。

中国人にとっては和平も抗日も、共に愛国心の現れである。自分の目的は和平であり、蒋介石が自分に取って代わる事はできない。

重慶政府に和平を説き、転向させる事が目的で、もしそれが達せられるならば自分は直ちに下野する覚悟だ、そう汪兆銘に告げられた時の影佐の感動は、次の言葉に表されている。

「其れ崇高なる精神、高潔なる人格は鬼神をして泣かしむものがある」

影佐と汪兆銘は同志となり、日中和平実現のために汪政権樹立を目的とした梅機関を設立。情熱と努力を傾けた。

同じ日本陸軍の中には、影佐とは別の和平工作の動きもあった。

陸軍ロシア課はかねてより、中国戦は早期に終結させ、一刻も早く対ソ戦に備えるべきだと考えていた。

彼らは汪兆銘ではなく、抗日を標榜する蒋介石との直接交渉を画策した。小野寺工作と呼ばれたダブルスタンダードの計画であった。

陸軍も制度疲労を起こして、組織の原理原則がわからなくなってきていた。

汪兆銘派と蒋介石派に分かれた内紛は拡大していく。

舞台は上海。

中国圏の諜報員養成学校、東亜同文書院に近衛文麿の長男、近衛文隆が現れた。親の七光を武器に、スパイ学校である東亜同文書院の職員として赴任してきたのである。世界中のスパイの巣窟上海に、何もわからないまま分け入ってきたのである。

そして小野寺機関の小野寺と知り合い、工作に利用されていく。

小野寺は、美貌の女スパイ『鄭蘋如《てんぴんるー》』愛称ピンルーを近衛文隆に近づけた。彼はピンルーの虜になる（余談だが、文隆はシベリアで獄死したという）。

近衛文麿を抱き込んでの妨害を、影佐が知る。

日中の平和は国家にとっても、影佐にとっても、友人の汪兆銘にとっても悲願であった。影佐と小野寺、目標は同じであったのだが、それぞれ異なる指針で目標達成を試みようとした。ダブルスタンダードであった事が悲運であり、どちらも空中分解の結末を迎える事になる。

影佐にとってこの結果は、さぞや悔しかったろう。

そして日本の運命は開戦という、予測しない方向へ動いていく。

第九章　女たちの世界

この時代、極東最大の都市は上海であった。

繁栄と退廃が入り乱れた街は、ふたつの顔を持っていた。活気に満ちた昼の顔は夜になると一変して、女たちの嬌声と妖しい輝きを放つ夜の顔へと変わる。

別名『魔都』とも呼ばれた上海は、その不思議な雰囲気で多くの男たちを魅了した。魔都上海は男たちだけでなく、女たちにも夢を抱かせた。


上海の中心に『租界』と呼ばれる都市内植民地があった。

阿片戦争をきっかけに、イギリスが中国から強制的に土地を得て誕生したのが、上海租界の始まりである。

上海を代表するデパートやレストランが立ち並ぶ南京路を抜けると、ヨーロッパの街並を彷彿とさせるフランス租界がある。租界ではインフラが整備され、フランス租界から英米租界を通って虹橋までが特に賑やかであった。

そんな上海の夜に咲き誇る花があった。類い希な美貌の女性『ピンルー』こと『鄭蘋如』であった。

ピンルーはその持てる魅力で男たちを引きつけた。

一国の首相である父を持ち、潤沢な資金力を備えた近衛文隆も、その色香に囚われた一人であった。ピンルーは近衛文隆を利用しようとして彼に近づき、二人は恋仲となる。

関わり合ってはいけない二人の恋は実るはずもなく、二人の結びつきが引き起こすかもしれない日中関係の悪化を懸念した軍は、近衛文隆を強制的に帰国させる。

日本に帰国した文隆は徴兵され、シベリア戦線へ出兵。

戦後はシベリアのラーゲルに消えた。

一方ピンルーはその後も工作員としての活動を続け、日本軍により設立された対重慶特務工作機関を前身とする特工総務の指導者の暗殺を任命される。

しかしこれが失敗に終わり、ピンルーは家族の身の安全と引き換えに自首、監禁される。監禁中のピンルーに日本側の工作員としての転向を求めるが、ピンルーは応じなかった。

そして、処刑が決定された。映画を見に行くと偽り、監禁場所であった特工総務の幹部の屋敷から連れ出した。車は繁華街を抜け、荒涼とした上海郊外へと進んだ。

「中国人として、私は悪い事をしたのでしょうか」

「顔は傷つけないでください」

その場に立ち会った上海憲兵隊特高課長・林秀澄氏は、通訳からピンルーが最後にこんな事を言っていたと聞いている。


一方海外では、我が国を勝手に同盟国として利用したドイツ第三帝国があった。我が国の満州国建国に対して、ヒトラーは『千年王国』をスローガンに大ゲルマン帝国を構想する。

一九三三年（昭和八年）ヒトラーが政権を獲得、ここから第三帝国の暴走が始まるのであった。

残された結果から、歴史の全てを知る事はできない。

なぜドイツ国民は、世界を惨禍に巻き込んだ独裁者ヒトラーを選んだのであろう。

我が国で翻訳されたヒトラーの『我が闘争』では、日本国の悪口雑言を書いたところは消されており、それを知らずに読んだ日本軍人たちは、ヒトラーに対し崇拝にも似た感情を抱いたようだ。原文を知る山本五十六は、それら軍人たちの間違った判断をたしなめたという。

人種に優劣があると考えたヒトラーにとっては、ゲルマン民族が絶対であった。当然、日本人はゲルマン民族ではない。原書そのままに翻訳書を出版する訳にはいかなかっただろう。なめられたものだ。

ヒトラーはドイツ民族の優越性を守るために、まず混血の排除を考え、そして異民族を絶滅せしめるという狂気の行動に出た。

ヒトラーの狂気につきあった側近たちに、ヘルマン・ゲーリング、ヨーゼル・ゲップルス、ハインリッヒ・ヒムラーなどの集団がいた。

その強烈な個性のヒトラーに惹かれた女性がいた。ピアノ製造業者の妻、ヘレーネ・ベヒシュタインである。

青年時代のヒトラーの弁舌の中に、男性としてのセクシャルさと政治家としての可能性を感じたヘレーネはパトロンとなり、彼の生活を援助し一流の政治家に育てようと決意した。彼女の所有する美術品や宝石は、惜しげもなくヒトラーの政治資金へと変わっていった。

ワーグナーの義理の妹で、ベイロイト音楽祭の主催者となるヴィニフレート・ワーグナーも、ヒトラーの強力な支援グループの一人であった。ヒトラーもまた。ヴィニフレートの音楽活動や、彼女の子どもたちに格別な計らいをした。二人は結婚のデマが流れるほどの親しい関係にあったとされる。

ヒトラーを支えた特別な一人、エヴァ・ブラウンは写真家ハインリヒ・ホフマンのスタジオで働いていた。ホフマンはヒトラー専属の写真家であった。ホフマンのスタジオで知り合った二人は親しさを増していく。

ヒトラーは独身である事で婦人票が得られると考えていたため、第二次世界大戦が終わるまでエヴァの存在は公にされる事がなかった。

ドイツは大敗し、ヒトラーは世界中の敵となる。生きて逃げ延びる事は不可能であった。

二人が死亡する前日に、ヒトラーはせめてもの償いとしてエヴァとの結婚式を挙げた。式の後、『ブラウン嬢』と呼びかけた地下壕の護衛に、「もうヒトラー夫人と呼んでいいのよ」と幸せそうに語ったという。

話は満州に戻る。

一九三四年（昭和九年）三月十一日、満州国は帝政へと移行した。

五族協和の夢の国家は、奉天、吉林、黒龍江、熱河の四省からなり、その領土面積は約七万方里であった。人民は満州人、漢人、朝鮮人、蒙古人、日本人の五族約三千万人で、人口の九十%を農民が占める農業国家であった。

その満州国皇帝の座に、愛新覚羅溥儀は返り咲いたのである。

傍らには愛新覚羅家の末裔である男装の麗人『川島芳子』の姿があった。

遼寧省瀋陽、鞍山にある湯崗子《とうこうし》温泉には関東軍によって『龍宮』という別邸が設けられていた。

地下には『龍池』と名付けられた温泉があり、そこにつながる階段や壁には、浦島太郎などの日本民話の世界の装飾が施され、不思議な雰囲気を漂わせていた。

甘粕正彦憲兵大尉が愛新覚羅溥儀夫妻とともに旅順の大和ホテルを目指す途中、溥儀の正室、婉容はこの温泉が気に入り数日滞在する事になった。溥儀には甘粕が、婉容には川島芳子が随伴していた。

川島芳子は溥儀の従妹にあたり、愛新覚羅一族の王女の一人として北京に生まれた。日本の立憲君主制を理想としていた父と親交のあった陸軍通訳官兼満蒙独立運動家の川島浪速の養女となり、川島芳子として少女時代を日本で過ごす。『男装の麗人・川島芳子』の名は日本本土にまで届き『東洋のマタハリ』『満州のジャンヌ・ダルク』などと称されて、一躍時代の寵児となった。

彼女は満州国帝国の安泰と存続を願い、その実現のために奔走した。終戦後まもなく中国国民党軍に逮捕され、売国奴として銃殺刑となった。彼女の遺骨は海を渡り、長野県松本市の川島家の墓に葬られている。

満州国皇帝、愛新覚羅溥儀の妻、婉容は十七歳で皇后として迎えられた。

しかし、次第に夫婦中は冷めていき、婉容は阿片に溺れていく。重度の阿片中毒に陥った婉容に溥儀は救いの手を差しのべる事はなかった。

日本の敗戦後、溥儀らは逃亡したが婉容は置き去りにされた。取り残された婉容は各地を転々とし、吉林省の監獄内で阿片中毒の禁断症状と栄養失調により亡くなったとされる。遺骨は見つかっていない。

溥儀はその自伝の中で婉容の事を「私が彼女について知っている事は、阿片の習慣に染まった事と、許し難い行為があった事ぐらいだ」と書いている。許し難い行為とは、皇后時代にいた愛人との間に娘を出産したとされる事であろう。その子は、溥儀の命によりすぐに殺されたという。

国のため、家族のため、愛する者のために必死に生きて、死んでいった女たちがいた。

第十章　夢を追った男たち

江戸鎖国期の物流は、船舶によるものが主流であった。

鎖国政策上、海上における規制はかなり厳しく取り締まられた。船舶の大きさの規制はもとより、コンパスの使用も禁止され、船は沿岸航路に沿った航海に留まらざるを得なかった。それでも他に輸送手段のなかった我が国では、船舶輸送に頼るしかなかったのであった。

鎖国を強いられた我が国の民の世界観は、『環日本海』より拡がる事はなかった。

それに引き換え欧米諸国は、凄まじい勢いで世界へ進出していた。

中国の弱体化につけ込んだイギリス、ロシアがそれを侵略。

インドもまたイギリスの手に落ち、フランス、オランダも東南アジアをむさぼり食い尽くそうとした。

日本を除くアジアの地は、ヨーロッパ列強の草刈場と化していた。

こうしたアジアの非常事態に、日本の雄藩は危機感を抱く。一刻も早く様々な分野で近代化を図り、欧米列強に対抗できる体制を整えなければ、日本も他のアジア諸国と同じ運命を辿る事になる。

倒幕の機運が高まり、明治維新をゴールとする内乱が続く。

一八六七年、徳川十五代将軍慶喜は政権を朝廷に返上、明治の改革が行われ明治政府が誕生した。

『富国強兵』『殖産興業』をスローガンに、凄まじい速さで近代化は進んでいった。

開国後まもなくで大国『清国』に挑んだ日清戦争を戦うにあたり、日本政府は必要な軍資金をクーン・ロープ商会のヤコブ・シフの融資で賄った。

朝鮮半島の確保という日清戦争の命題の根底には、列強ロシアによる日本侵略への恐怖心があった。

日清戦争の圧倒的勝利の後、日本は日露戦争でロシアと戦う。

ロシアの脅威への恐怖に突き動かされた日本は、爆発的な力を発揮した。東郷率いる連合艦隊が世界最強ロシア・バルチック艦隊を叩き、難攻不落の二百三高地を乃木が落とした。

日清戦争に引き続いての勝利を得た日本は、一九〇五年（明治三八年）九月五日、アメリカの仲介の下、ポーツマス条約により講和を結び、遼東半島と満州を手に入れた。

ここに関東軍の前身『関東総督府』が誕生するのであった。

関東総督府は関東州の軍政機関による全ての軍政業務と鉄道管理を引き継ぎ、ロシアとの再戦に備える事を第一の目的とした。

陸軍は満州経営の基礎を固めるため軍政の継続を必須とした。

こうした背景により、関東総督府として誕生した関東軍は、満州の権益の拡大とともにモンスター化していった。

強硬派が主導権を徐々に強める関東軍の中で、孤軍奮闘する一人の男がいた。

影佐禎昭は日中和平という大目標に向けて悪戦苦闘を強いられていた。

日本に協力的だった奉天軍閥の総師・張作霖は、対日依存政策を自主独立路線に転じてそれを強化、関東軍との関係は次第に冷え込んでいく。

一方の権力者蒋介石は、孫文の死によって国民党を引き継ぎ、北京軍閥政府打倒に向け北伐を再開した。

関東軍高級参謀・河本大作大佐は張作霖と蒋介石との内戦に乗じて張作霖を殺害し、満蒙分離を図ろうとした。

河本の作戦の一方で、影佐は蒋介石に次ぐ国民党政府ナンバー2の座にあった汪兆銘を国民党から離脱させる工作を図っていた。


汪兆銘は一八八三年、中国の関東省で生まれた。

二十歳から二年間、清朝の官費生として東京の法政大学に留学する。留学中に孫文の革命思想に触れた汪は、官費留学の期限が切れてもそのまま大学に残り、孫文が東京で結成した中国革命同盟会の有力な一員として革命運動を続けた。孫文の死後も、蒋介石とともに活躍を続けた。

しかし満州国が建国されると、蒋介石は徹底的に反日抗戦を行い、日本国に対する対立姿勢をとった。

関東軍は影佐に日中和平のための親日政権の樹立を命じ、汪兆銘の擁立を画策した。

汪兆銘は南京に和平政権を樹立し、日本と協力して蒋介石に挑んだ。

影佐機関が汪兆銘政権を作る事で、和平への道を見いだそうとしていた一方、陸軍参謀本部ロシア課では、対ロシアの備えを優先すべしとの考えから蒋介石との和平を画策した。

ロシア語、ドイツ語の堪能な小野寺信を上海へ送りその工作にあたらせた。

敵対する汪兆銘と蒋介石のそれぞれの背後には、同じように関東軍がいた訳である。

戦いは中国の内戦だけでなく、関東軍内部の争いに及んでいた。

小野寺工作に軍外部の近衛首相の長男、近衛文隆が加わり、前述のように、案の定中国側のスパイ、ピンルーの甘い落とし穴にはまり、工作の妨げとなった。

日本との関わりを持って新政府の樹立を目指した汪兆銘に対し、蒋介石は『藍衣社《らんいしゃ》』や『CC団』『ジェスフィールド七六号』という組織を作り、抗日運動を激化させていった。ピンルーも『CC団』組織の中にいた一人とされている。

影佐は命がけで汪兆銘工作に臨んでいた。汪兆銘もまた命がけだった。

二人は日中両国が互いに納得できる計略を練り、日本政府に提示した。

政府の回答として興亜院から送られてきた内約に二人は唖然とさせられた。

そこには到底受け入れ難い、日本の帝国主義が露骨に暴露されたような、中国側にとって非常に厳しい要求が列挙されていた。

日本政府を信じて工作を進展させてきた二人であったが、密約ごとはことごとく反故《ほご》にされ、汪兆銘政権の傀儡《かいらい》性の懸念は強まるばかりであった。

「最初に示された近衛声明の趣旨から大いに逸脱した日本側からのこの提案条件では、同志も民心もつなぎ止める事はできない。かといって影佐さんがこちら側に譲歩すれば、彼は日本政府に対して重大な責任を負わされる」

影佐に対する気遣いと、そしてなによりこのままでは和平工作は頓挫すると危惧した汪兆銘は、興亜院と苦心の交渉を重ねる。

しかし思うように事は運ばず、遂に交渉打ち切りを申し出た。

だが、影佐も汪兆銘も、既に引き返せない立場にいた。影佐の説得により汪兆銘は再度交渉に臨み、当初の条件を幾分か緩和した条件で妥協する事になった。

こうして汪兆銘政府が誕生したのであるが、汪兆銘政府に明るい未来は見えなかった。

汪兆銘から離れていった同志が、興亜院との交渉内容を暴露するという汪兆銘にとって非常に不利な事件が起こった。日本政府に屈して傀儡政権の首班となったというのが、中国国民の汪に対する印象であった。

その後の汪兆銘政府は外交・内政において日本の介入を受け、汪は次第に国民の求心力を失っていった。『日本に寝返った売国奴』という汚名も、勝てば官軍で払拭できたであろうが、汪の理想は実現されなかった。

汪兆銘と影佐の行く手を阻んだ事象の裏には様々な謀略があったと窺え、二人の無念さは察するにあまりある。


この工作の不成功で、影佐は全てを失ってしまったような気がする。

軍の至宝として大切に育てていくべき人材を、日本陸軍は石原莞爾に続いて、影佐をも捨て石にしようとしたのか。

昭和十七年、影佐はソ連国境東寧へ移動を命じられる。


この汪兆銘の親日政権樹立に向けての工作を『梅工作』といい、それに携わった組織の影佐機関を『梅機関』とも呼んだ。

汪兆銘政府樹立を機に梅機関は解散したが、そのネットワークは上海と南京に残されたまま工作を続けた。

汪兆銘を担いだ梅工作と蒋介石を担いだ小野寺工作のふたつは、そのどちらも日本政府の期待した結果に結びつく事はなかった。

ふたつの工作は、関東軍の指揮統一を乱し、軍内部に疑心暗鬼の暗い影を生じさせた。多数の権力が興りつつある中国を、関東軍の力で押さえる事は、もはや不可能となりつつあった。


話は岸信介に変わる。

東京帝国大学卒業後、農商務省に入省。昭和十一年、満州国国務院実業部総務司長として渡満。

岸にとっての満州はパラダイスであった。

彼は自身の持つ才能を、満州において遺憾なく発揮した。

東條英機と出会った岸は、東條の黒子となる事で己の夢を実現しようとした。東條が総理大臣になると岸も満州を離れ、商工大臣として、その姿を国会に現したのである。

岸の有能さは政治資金の調達においても存分に発揮され、東條にとって岸はなくてはならない人物となっていた。

しかし、東條との共存関係は長くは続かず、昭和十九年七月の東條内閣解散をもって、袂《たもと》を分かつ事となる。

東條の言動は非常に強権的であった。

軍も兵も命がけで戦うも、時の戦局はますます深刻化していく。

東條の述べた「生きて虜囚の辱めを受けず」の言葉が、後の『玉砕』という集団自決行為を生む結果となったのだと思う。

昭和十八年十月十一日、秋時雨の降りしきる明治神宮外苑において、学徒出陣の壮行会が行われた。

東京帝国大学学生以下七七校の学生二万余名が帝国陸軍分列行進曲『抜刀隊』の音楽に合わせて銃を盾に行進した。

これを見送る女学生や旧制中学生ら九六校五万人が客席を埋め尽くした。

整然と分列行進する出陣学徒たちの中には、軍靴ではなく地下足袋にゲートル姿の学生も混じっていた。

出陣学徒代表が「生等もとより生還を期せず」と答辞を終えると同時に『海ゆかば』

の大合唱が始まった。数万の学徒たちのふり絞るような歌声が、神宮外苑に響き渡り、辺りを圧した。

こうして送り出された学徒たちの中には、特別攻撃隊に配属された者もいた。

戦局はますます厳しさを増し、マキン・タラワ守備隊、サイパン島守備隊の玉砕に続いて、マーシャル諸島クエゼリン守備隊が全滅するに至った。

しかし、大本営はこの発表をためらった。日本は負けてはいけないのである。

二月二三日、毎日新聞に『竹槍では間に合はぬ、飛行機だ、海洋航空機だ』という記事が掲載された。毎日新聞社の海軍省担当の新名文夫が書いたものだった。

この記事が東條英機の逆鱗に触れ、三七歳という年齢の記者を召集させる事となった。『竹槍事件』と名付けられた、言論弾圧事件である。

東條には『統帥権』という最高の権限があった。政府はこの権限を侵す事ができない。政権終盤の強権的な姿勢は多くの敵を作り、彼の後年の評価を大きく傷つけた。

日本国を愛する気持ちから始まったであろう壮大な理想は、戦争、権力、阿片、欲望に蝕まれ、そのあるべき姿を変えていった。

第十一章　消された大東亜会議

我が国の近代化への目的は、屈辱的な不平等条約の解消であった。

この時代、アジアの国々は先進国の占領下にあった。その占領下の国々が目を奪われたのが、同じ有色人種である日本軍の健闘であった。

日本はなぜ明治維新を行えたのか。それは鎖国をしていたが、アジアの情報は出島を通じて理解していた事にある。

同じアジアの国が、白人によって奴隷のように酷使されている事を理解し、その危機感が明治維新を生み、日清、日露戦争につながっていった。

日清、日露はアジアの自主を守る、アジアの代表としての日本の戦争であった。この勝利により、日本は不平等条約を撤廃する事ができたのである。

日本軍の大東亜戦争の進撃は、アジアの人々を勇気づけた。

マレー半島の快進撃、シンガポールでの大勝利、ビルマと次々に占領していき、アジア人を『兄弟』として対等に接した。

これにより、アジアの人々にとっては、チャレンジすれば日本のように、白人の支配から解放されるという事を学んだ事が一番大きかった。

日本は結果的に敗戦したが、戦後アジア全域において各国の独立運動が起きたのは、アジアにおける日本軍の大きな成果であった。

このような成果がアジア人の心を揺さぶり、独立運動の起爆剤となり大東亜有色人種による会議が開催された。

『大東亜会議』は、日本の戦争目的とアジアの独立運動を明確にするものであった。東京の帝国議事堂において、東條首相、中国の汪兆銘、タイのワン・ワイタヤコン殿下、満州の張景恵総理、ビルマのバーモウ首相、フィリピンのラウレル大統領という、そうそうたるメンバーが参加した。

この『大東亜会議』は、人類史上初の有色人種によるサミット会議であった。

中国の汪兆銘は、孫文の言葉を引用して「我々アジアは過去一〇〇年にわたって、米英の侵略を受けて衰微し、ほとんど独立国家としての存在を失ってしまったが、その衰微が頂点に達した時、突然のような転換期が到来した。即ち日本の維新であった。アジア各国は米英の侵略を実全に駆逐する事によって、アジア各国の独立を、自主を完成しなければならない。日支両国は兄弟と同様であって、日本はかつて不平等条約の束縛を受けたために奮闘し、アジアの先進国となった」

日本は世界に先駆けて中国租界を返還し、治外法権を撤廃した。

「この大東亜会議と、かつて世界史上で行われた諸会議の間には大きな違いがある。本会議は戦勝国における、戦利品を分配する会議ではない。この会議こそ、解放された諸国民の会議であり、『正義』『主権』『国際関係』における互恵主義、及び相互援助の原則に基づいて、世界のこの領域に新秩序を建設するものである。日本はアジアの希望の光である。この機会を逃せば、今後一〇〇年以上に渡り、このような機会が訪れる事はないであろう。勝利は我々のものであり、インドが念願の独立を果たすと確信している……」

インドのチャンドラ・ボースが行ったこのような『大東亜共同宣言』が、全会一致によって採択された歴史的な瞬間であった。

このような日本国の素晴らしい理念と行動は、敗戦と共に葬られてしまった。

アジアの民族の独立、慈尊の戦いは、いつの間にか、日本国の侵略戦争に置き換えられた。そして、この『大東亜会議』はどの百科辞典にも書かれていない。

ルーズベルトの謀略で引っ張りこまれた大東亜戦争は、結果的に、日本にとって「忠臣蔵」のような訳にはいかなかった。

しかし、日本民族の誇りとして、この『大東亜会議』を忘れないでほしい。

第十二章　帝国軍人の戦争

我が国が軍隊を持っていた当時、軍は二つに分かれていた。陸軍と海軍であった。当時は陸軍、海軍とも各自の航空隊を持っており、それぞれ陸軍航空隊、海軍航空隊としていた。

今の自衛隊は陸・海・空と三つに分かれており、陸海と比較すると航空志望者が多いようだ。誰しも大空を自由に飛び回る憧れを持っているのだから、これも仕方あるまい。

世界で初めて大西洋の単独無着陸飛行を成し遂げたチャールズ・リンドバーグもまた、鳥のように大空を舞う魅力に取り憑かれた一人であった。

満州事変の起きた昭和六年、リンドバーグはニューヨークから中国南京まで北太平洋航空路の調査のため、アン夫人を伴って水上飛行機『シリウス号』での飛行に挑んだ。

途中、根室や霞ヶ浦、大阪に立ち寄った後、シリウス号は最終目的地南京を目指した。

しかし機体の思わぬ不具合により、根室への緊急着陸に予定が変更された。根室着陸を試みる機体不調のシリウス号に、濃い霧が追い討ちをかけた。濃霧で方向を見失った機は、霧の中からわずかに覗いた湖への不時着を余儀なくされた。湖に不時着する飛行機に気づいた住民の助けで、リンドバーグ夫妻とシリウス号は遭難を免れた。夫妻を助けた彼らの家で、質素ながらも心のこもったもてなしを受け、リンドバーグは天候の回復を待った。

彼らが不時着したのは、当時まだ日本の領有だった国後島であり、彼らを助けた住民とは国後に住む日本人であった。

過ぎること半日、ようやく天候が回復。夫妻は日本人の家族に見送られ、国後を後にした。

第二次世界大戦前の、まだ比較的自由な飛行が楽しめた時代の話である。

話は日本の軍隊に戻る。

軍人になるための専門学校には、陸軍士官学校や海軍兵学校があった。

これらの学校は将来を保証された当時のエリート学校であったから、卒業して試験に合格すれば少尉に任官できた。

しかし大部隊を指揮できる大佐以上の階級まで進める者は少ない。ほとんどの者は、少佐か中佐あたりで予備役編入を通告され解雇となる。大佐まで上りつめても、優秀な兵が多ければ退職もあり得るのだ。

軍に入隊するという事は、将来と安定が必ずしも保証されていた訳ではなかった。徴兵制などで人材を確保すれば、現役のリストラなどいつでも可能であった。

エリート学生たちは卒業後も、厳しい競争に勝ち残っていかなければならなかった。

陸軍士官学校や海軍兵学校を卒業し、より優秀な者は陸軍大学や海軍大学という上級学校に進む。

影佐禎昭や東條英機たちはこのコースを進み、高位の階級に上がったのである。

陸軍大学、海軍大学とも高級指揮官や高級参謀の養成を目的としており、高度な作戦研究に励む学生たちは将軍の卵であった。

はたして、優秀とされた将軍の卵たちは、日本のためになる行動を起こしてくれたのだろうか。

真珠湾攻撃とミッドウェー海戦時の指揮官、南雲忠一の判断や、インパール作戦時の牟田口廉也《むたぐちれんや》による典型的な『的を知らず己を知らず』の攻撃作戦は間違ってはいなかったのだろうか。

陸軍大学、海軍大学卒業者にこだわった、軍の人選は正しかったのだろうか。日清日露の戦争指導者と、大東亜戦争の戦争指導者の大きな違いは、将軍選びにあったと私は思う。

前者は幕末の志士団の中から選ばれ、後者は学歴による身分秩序を持った集団の中から選ばれた。

集団化したエリートたちの集まる所には派閥が生じる。政治に派閥は付きものであるように、軍にも派閥があった。

日中戦争から大東亜戦争までの満州方面の最大派閥は『一夕会』であった。その中心人物が永田鉄山である。彼の足跡は日本陸軍史にあまり多く登場しないが、満州国建国にかなり深く関わった人物なのである。

永田鉄山は陸軍きってのエリートで、頭脳は明晰で人望も厚い、統制派の中心的人物であった。

永田は明治十七年（一八八四年）一月十四日、長野県諏訪に生まれた。

陸軍地方幼年学校から陸軍士官学校を経て、陸軍大学を卒業。陸軍大学の二三期恩賜の軍刀を授与される。

石原莞爾より四歳年上で、東條英機、武藤章、田中新一、石原莞爾らと皇道派に対抗する組織『陸大閥一夕会』を創立し、永田は若手を指導、統制派を仕切った。

永田は第一次世界大戦の前後に六年間ドイツに駐在し、ヨーロッパの戦争スタイルを学んだ。ヨーロッパ内での戦争が度々起これば、いずれ世界大戦となり、日本もそれに巻き込まれる可能性があると彼は感じていた。

ヨーロッパで起きた戦争は、戦争を重ねるごとに進化し、機械兵器の重要性は増していっている。我が国も将来の世界大戦を前提とした兵器生産の技術や労働力、資源の確保を可能とする国家総動員態勢を整えておかねばならないと永田は考えた。

一夕会は満蒙問題の解決や高度国防国家の建設を目指した。

しかし中国戦略方針やソ連戦略方針の違いから、意見対立が起き始めた。意見の溝は埋まる事なく拡がっていく。

対立は激化し昭和十年八月、永山鉄山は相沢三郎中佐の凶刃に倒れた。この事件が導火線となって青年将校を刺激、二・二六事件を起こすに至った。

永山が生きていたら東條の出番はなかったかもしれない、そう語られる人物であった。

昭和十二年（一九三七年）、盧溝橋《ろこうきょう》事件から日中戦争（支那事変）が勃発。希代のカリスマ蒋介石は、『国共合作』『共同抗日』を合言葉に抗日運動を激化させていった。長期化、泥沼化する日中の争いは、蒋介石に連合国共同宣言への署名を決断させ、日中戦争は対英米戦に及ぶ大東亜戦争へと続いていく。

満州を取り巻く事件の中で、ノモンハンを忘れてはならない。

昭和十四年五月、満蒙国で事件は起こった。

満州国北西部のハイラル高原で、関東軍とモンゴル人民共和国との小競り合いが起こる。

モンゴル軍にはソ連が後ろ盾で控えていた。国境線をめぐって発生したモンゴル軍との悶着は、関東軍対ソ連軍の本格的な衝突へと発展するのであった。

ソ連の重火器とＢＴ戦車という、圧倒的軍事力に押さえつけられた日本軍は大苦戦を強いられた。

日清日露での大勝の奢りが、日本軍死傷者約一万九千人という惨敗結果を招く。ソ連の航空機数は日本軍の五倍、戦車数は十倍でそれらは最新のものであった。その数字が示すものを無視して、関東軍作戦参謀の辻政信は、作戦を続行させ日本軍を惨敗に至らしめた。

悪条件の下、日本軍将兵たちは勇敢であり続け、粘り強い戦いでソ連を苦しめた。後日、敵軍の軍司令官ジューコフは、日本軍の勇猛果敢な戦いぶりを認め、ノモンハンでの日本軍との戦いが「自分の生涯の中での一番苦しい戦いであった」とも語っている。こちらが苦しい時は相手も苦しいのである。

しかし、ノモンハンを勇敢に戦い抜き、かろうじて生還した将兵たちに、自決を強要したり予備役に編入させるなど、軍は陰惨な処理をして戦いの隠蔽工作をした。

中国・モンゴル国境には、未だ帰国を遂げられない日本兵の未収容遺骨が存在している。

ノモンハン事件は、ソ連との停戦というかたちで終結を迎えた。

終結と同時期に、ドイツがポーランドを侵攻し、英仏はドイツに宣戦布告を行う。明けて昭和十五年、日独伊の三国同盟に引き込まれた日本はそれに調印、太平洋を舞台に巨人アメリカと戦う事となる。

太平洋戦争に突入すると、ますます満州の重要性が増していった。戦争のための資源を求めて、日本の侵攻は満州から南方へと転換しながら拡がっていった。

大東亜戦争開戦時の政府声明では、戦争の目的は『独立・自存・自衛』であった。白人支配の帝国主義よりアジアを解放し、日本がリーダーとなって新秩序国家を樹立させようとした。

しかし開戦からわずか二年目のミッドウェー海戦で、日本の連合艦隊は完膚なきまでに叩きのめされた。

その後のガダルカナル島の戦いでは、兵員だけでなく軍艦やその他の船舶、航空機などを多数失い、太平洋に於ける制海権、制空権を完全に失ってしまった。

昭和十七年八月六日の夜、ガダルカナル島では日本軍の滑走路完成式典が行われた。式典に参加した人員のうちで戦闘能力ある者は、わずか六百名足らずであった。式典が終わり日本軍は眠りについていた。

大本営は連合軍の太平洋方面反撃時期を昭和十八年以降と想定していたため、ガダルカナル島の守りは完全ではなかった。

日本軍の油断を突き、フランク・J・フレッチャー中将率いる米英豪三国のガダルカナル島攻略部隊は、静々と島に接近していた。

ヴァンデグリフト少将の指揮の下、一万七千名の海兵隊は夜陰にまぎれて上陸に成功。滑走路もでき完成間近の飛行場を含むその付近一帯は、一瞬にして連合軍の手に落ちた。敵国のために飛行場を作ったようなものだった。

日本軍にとってガダルカナルの飛行場は、内地と南方を結ぶ重要な輸送ラインであった。一度取られたガダルカナル島の飛行場を奪回するために日本は戦いを続け、敗戦へ向け突き進んでいた。

『欲しがりません、勝つまでは』

負けた戦いのツケは全て国民に回された。

第十三章　い号作戦とアッツ島

ガダルカナル島の占領に成功した連合軍は、ニューギニア方面の日本軍航空基地を次々と陥落、航空戦を主体とするための滑走路を整備して最新鋭機を次々と投入していった。南太平洋の制空権が連合軍に奪われてしまうという危機感がつのる。

勢いを増す連合軍は、ジョージ・C・ケニー少将率いる南西太平洋方面軍の連合航空隊が、オーストラリアからニューギニアまでの広範囲の守りを固めていた。

主力はアメリカ第五空軍で、ポートモレスビーを中心に、その周辺での使用可能な七つの飛行場を保有していた。

対する我が国のラバウル方面の航空兵力は、海軍第二十一戦隊と二十六航空戦隊の一六〇機と、陸軍の第六飛行師団の一六〇機、合計三二〇機であった。

連合艦隊司令部は、海上の決戦兵力を持つ第三航空艦隊の空母『瑞鶴《ずいかく》』『瑞鳳《ずいほう》』などをラバウル基地に移動、『い号作戦』と名付け航空兵力の強化を図った。

昭和十八年六月二十日、影佐はラバウルより六〇キロ後方のニューブリテン島ガバンガの司令部に師団長として着任した。

長身で恵まれた容姿の、新しい師団長は、出迎えに整列した将校たちに一言ずつ声をかけながらそのスタートを切った。

陸大を主席で卒業、華々しい門出から始まった軍人人生は着々と足場を固めていった。

中国に深く関わった影佐は、満州においてライバル岸や多くの仲間たちと切磋琢磨しながら、日本の平和と国益のために奔走した。

単なる武力だけで日中間の争いは解決しないと考えた関東軍は、情報収集や宣伝工作、謀略活動を任務とする参謀本部謀略課を新設、影佐を課長にすえた。好むと好まざるに関わらず謀略課での任務を命ぜられた影佐は、その責任を着実に全うしていった。

そしてようやく、彼の本領を発揮できる作戦を任命される。汪兆銘工作であった。

『至誠にして動かざる者は、未だ之れ有らざるなり』

彼は水を得た魚の如く、汪兆銘政権樹立へ向け情熱を傾けた。

日中和平は日本人にとっても、中国人にとっても切なる願いであり、到達不可能な目標ではない。邪心なく進めばこの想いは必ずや達成される、そんな信念で挑んでいった。

しかしながらこの結末は、前章で述べたように失敗に終わった。

影佐と汪兆銘の誠意は、人を動かして事態を変える事はできなかった。

工作の失敗と心残り、汪兆銘への謝意などの想いが東條の不信を買う事となる。

東條の影佐に対する判断は、ソ連国境東寧への転任に続き、ラバウルへの転任という左遷人事によって示された。

軍人に平坦な道はない。

行く道も自らは選べない。

ラバウルの前線で影佐は死と向き合った。

彼の回想録『曾走路我記《そぞろがき》』の中の一節を紹介する。


「予、日支問題に志して以来多く大陸にありて家事を顧みず、子女に対しまことに気の毒な事をしたと思っている。

今南溟《なんめい》の地に作戦に従事す。

生還期し難きこと戦事の常であるが、此度は特に然る事大勢上明らかである。

依って従来家庭の父として尽くす可くして得なかった罪滅ぼしとして『大陸で何をして居たか』といふ事を書き遺すことも結構ではあるまいかと考へ、兵馬倥偬《へいばこうそう》の間敢えて稿を起こす事とした。」

昭和十八年十二月十三日、五十歳を前にした影佐が、家族への想いから綴り始めた著書『曾走路我記』の序文である。

影佐がラバウルに着任する二か月前の昭和十八年四月三日、『い号作戦』に向け連合艦隊司令長官山本五十六、宇垣纏《うがきまとめ》参謀長がラバウル基地に赴いた。

四月七日『い号作戦』は開始され、参加する航空機二二四機、空母機一九五機の計四一九機が戦闘態勢をとった。

目標はガダルカナル、ソロモン諸島、ポートモレスビー、ニューギニア東部方面の米豪連合軍の航空基地であった。

作戦は順調に進み、大本営海軍部は華々しい戦果報告を受けていた。

山本長官たっての希望で、前線視察が計画され、ショートランドやハラレの前線基地に暗号電で打電された。

海軍航空隊では山本長官の護衛の在り方について意見が交わされていた。願わくば長官の前線視察は踏みとどまってもらいたかった。

しかし山本長官は、戦場で奮闘する全ての兵に対し、その前線まで自らが出向いて鼓舞激励したかった。山本の兵に対する思いやりと、将兵一致団結して『い号作戦』に臨むのだという強い意志が、前線視察を断行させた。

四月十八日早朝、山本と宇垣中将は二機の一式陸上攻撃機にそれぞれ搭乗した。

その際山本は、見送りの草鹿参謀に短歌を渡している。

弓矢とる国にうまれし、ますらおの
名をあらわさむ時はこの時

明治天皇の御製の歌で、山本はこの歌から勇気と力を得ていたのだろうか。

山本は一番機に乗り込んだ。主操縦士はベテランの小谷立飛曹長で、宇垣参謀長を乗せた二番機は林浩二飛曹《にひそう》（二等飛行兵曹）の操縦であった。

二機の一式陸上攻撃機はブーゲンビル島を目指して離陸した。

飛行は順調であった。二番機の林二飛曹が、十分後にハラレ到着予定と宇垣参謀に報告したその時、零戦護衛機が非常事態を告げる動きをとった。

上空からＰ３８が急降下で向かってきていた。アメリカ軍の高速戦闘機が、山本長官ら視察団一行を上空で待ち構えていたのだった。


日本軍はアメリカの情報技術の高さをミッドウェー海戦時に認識せず、それ以降も暗号解読がなされている事に気づかないまま、連合軍との戦いを続けていたのである。

アメリカの情報収集や分析能力は、敵国の無線傍受だけに留まらず、戦場となっている太平洋上の全エリアの天気図をも作成できる能力を持っていた。天候予測が戦闘に影響を大きく及ぼす事を理解し、データを集め作戦に利用した。

アメリカ軍はその情報能力を使い、連合艦隊総司令長官山本五十六の命をいとも簡単に奪ったのである。山本がラバウルに赴いた事、前線慰労のため視察に向かう事、早朝六時に一式陸上攻撃機二機で出発する事、零戦護衛機はわずかである事、それら全ての情報をアメリカ軍は握っていた。

ミッドウェーに続き、今回もまた暗号は全て解読されていたのだ。

山本の前線視察計画を知ったワシントンは、彼の暗殺計画を実行する。

ミッチャー海軍少将はハウゼー提督から電文を受け取った。

孔雀は時間通りに行動するものと思う
『尻尾をうちわで煽られたし』

山本長官を狙った部隊を『ヤマモト・ミッション』と命名、作戦名をヴェンジェンス作戦とした。

パールハーバーの復讐、といった意味であろうか。

増槽《ぞうそう》（兵器外部に取り付けた追加の燃料タンク）を装備した高速性、搭載性に優れ急降下性能を持つP38を刺客団として太平洋上に放った。

増槽を装備しても、戦闘に許される時間はせいぜい二〇分である。狙う側もまた、一撃必殺を要求された。

十八機による待ち伏せ攻撃は、護衛の零戦の反撃をかわし、長官を乗せた一番機撃墜を成功させた。一番機はジャングルに墜落。

撃墜したのはバーバー中尉であった。

同じくアメリカ機に襲撃されつつも、撃墜を免れ一命を取り留めた宇垣参謀長は、『手記・戦藻録』に次のように記している。

「我機は全速力を以てモイラ岬方向に向ひ間もなく海上にいでたり。

空中戦闘は最初の一番機の方向に於いて盛にして、右後を眺むれば両者の格斗を遠見し得。

胴体H型のP38が上昇ハーフターン、急旋回して我機に迫る。

来た！　我機銃は後方より追上する敵機に向け喰うか喰われるかの戦闘となる。

時々機体に命中すると感ず。

最早如何ともなし難く『最期』近しを覚悟す。

室井参謀は卓上に手を拡げうつ伏せになり居たるを以て、早くも敵弾命中機上戦死したるものの如し。」

モイラ岬で繰り広げられた山本長官戦死事件の戦闘の様子である。


山本長官の遺体は、ラバウルにて火葬に付された。

全軍の士気に影響を与える事が予想されたため箝口令が敷かれ、約一か月後の五月二一日に公表、六月五日に国葬となった。

海軍甲事件と呼ばれる。


山本長官の国葬が執り行われた六月、影佐はラバウルにいた。

大きな舵をなくした母国日本を守るために、影佐には、遠い異国でまだまだ戦わねばならない使命があった。

第十四章　アッツ島玉砕

日本はアメリカ軍の北方進出及び、米ソの連携を妨害するために、アリューシャン列島のアッツ島とキスカ島の占領を目指した。

しかし、米軍の反撃は素早かった。

昭和十八年、キスカ島東方にあるアムテトカ島に上陸した米軍は、約一か月で航空機基地を完成させ、北方面の制海権と制空権の支配を手中に収めた。

アッツ島の守備には山崎保代大佐の北海守備隊・第二地区隊員約二五〇〇名と海軍守備隊一〇〇名が駐屯し、キスカ島には第一守備隊二六六〇名と海軍の上陸部隊である第五十一根拠地隊三〇〇〇名がいた。

米軍のアッツ島奪還作戦は昭和十八年五月十二日に開始された。

米海軍ロックウェル少将率いる一一〇〇〇名が上陸作戦を開始したが、海岸線に日本軍の姿はなかった。

米軍の上陸に対して日本軍反撃部隊の増援ありと判断した山崎大佐は、部隊を内陸部に移動させ持久戦の態勢をとっていた。

アッツ島に山崎を送ったのは、第五方面軍司令長官・樋口季一郎であった。

「万が一アッツ島に事あらば、万策を尽くして兵員、兵備の増強増援を行わせる」と約束し、樋口は山崎を送り出した。

しかし、米軍が上陸に成功すると大本営は、アッツ島の増援計画、作戦準備の全てを中止決定させる。アッツ島を放棄したのである。

島と共に、日本人将兵たちをも見捨てたのであった。

大本営の決定に樋口の力は及ばなかった。樋口は断腸の思いでアッツ島に電文を打電した。

『中央統帥部の決定にて、本官の切望せる救援作戦は現下の状況では不可能なりとの結論に達せり。本官の力の及ばざること誠に遺憾にたえず、深く陳謝す』

これを受けた山崎からは、次のような返信があった。

『戦する身、生死はもとより問題に有らず。

守地よりの撤退、将兵の望むところに有らず、戦局全般のため重要拠点たるこの島を力及ばずして敵手に委ねるに至るとすれば、罪は万死に値すべし。
その期至らば、将兵は全員一丸となって死地につき、霊魂は永く祖国を守る事を信ず』

五月二九日アッツ島玉砕の前日、山崎から最後の電文が樋口に届いた。

『(前文略) 他に策なきにあらざるも武人の最後を汚さんことを恐る。英魂と共に突撃せん』

『機密書類全部焼却、これにて無線機破壊処分す』

アッツ島玉砕戦での日本軍戦死者は二六三八名、ほぼ全滅であった。

二六三八名の日本兵は、五倍の数を持つ一万一〇〇〇名のアメリカ兵を相手に十九日間戦い抜いた。

ここでも日本将兵の強さを、米軍は思い知った事であろう。

キスカにアッツ島の二の舞をさせてはならない。

アッツ島を玉砕させ、山崎を失った無念さをバネに樋口は行動を決意した。

キスカ守備隊撤収作戦に大本営は消極的であったが、水雷戦隊司令官・木村正福が樋口に賛同した。

木村は明治二四年静岡に生まれ、『ハンモックナンバー』と呼ばれる海軍兵学校の卒業成績は、百十八人中の百七番という散々なものであった。このハンモックナンバーでは海軍大学へ進む事もできず、大型戦艦の艦長になる事もまず不可能であった。

兵学校卒業後の彼の最初の一歩は、小型艦の艦長であった。

しかし小型艦の艦長は、太平洋の海上戦闘で着々と武勲を立てていき、叩き上げの指揮官として海軍中将にまで昇りつめた。

樋口と木村によるキスカの全守備隊撤収作戦が開始されようとしていた。

その頃、キスカを守っていた陸軍北海守備隊司令官・峯木十一郎率いる二七〇〇名は既に死を覚悟していた。

将兵たちは、アッツ島と同じく玉砕への運命を静かに受け入れていた。

しかし撤収作戦は密かに動きだしていた。

兵士の油断や漏洩の防止を図って、大隊長以下の兵には知らせずに、作戦は厳重秘密として進められた。

最大の鍵は現地の霧であった。

気象士官から『天候回復、視界良好』の報を受けると木村は作戦中止を命じる。

海軍上層部から『臆病者』との誹《そし》りを受けるも気にせず、『機を待つ勇気』の構えを貫いた。

敵艦隊に遭遇した場合の作戦も考えつつ、ただひたすら濃霧の発生を待った。


そしてひと月。

アッツ島で救えなかった者たちへの樋口の想いと、木村の信念が作戦を成功させた。

八月一日、隼戦闘機が歓迎飛行をする中、救援艦隊が千島列島北部の幌筵島《ぱらむしるとう》に帰還。

古来より名将は兵を大切にした。名将は、大本営の参謀の椅子に座っているとは限らない。

一人も欠く事なく、守備隊全員の撤収を成功させた『奇跡の作戦』である。

第十五章　けがの功名

一九四四年三月、前年の山本長官の戦死から、我が国の戦闘は、悲劇的な様相になっていった。

特に南海の環礁の島々は地獄であった。珊瑚礁の島々は隠れる場所もない。

ギルバー諸島には、人口約一八〇〇人のマキン環礁、人口三五〇〇人のタラワ環礁、両島とも標高1メートルの島である。

この島々に、空母四隻を含む、二〇〇隻からの大艦隊が押し寄せてきた。

徹底した艦砲射撃と空撃で、山のない島々は地獄の一丁目であった。

しかし日本軍は、こんなにやられても、上陸してきた米兵に対してかなりの出血を強いた。だが、兵力と物資の差があまりにもありすぎた。

このような、南海の島々における戦いが繰り広げられている中で、密かにインパール作戦が遂行していた。

一九四四年三月八日、多くの反対意見がある中で、牟田口廉也中将は、一石二鳥の軍功を狙って、作戦を詳しく見当する事なく強行した。

日本が占領するビルマとインパールの間は、急峻な山脈に阻まれ、行軍や補給の困難な場所であった。この立地的な不利を牟田口は「電撃攻略すれば、補給の問題はない」と言い切った。

しかし作戦開始時は雨季であった。その中で兵站《へいたん》を考えずに、作戦実行に踏み切ったのだ。

牟田口は日露戦争の乃木大将とは違い、兵と共に前戦で指揮を執らずに、後方の安全な所で芸者遊び三昧の日々を送っていたという。人間として悲しい事である。

一方、過酷な戦場は「白骨街道」と呼ばれ、兵は飢えと風土病で次々と倒れ、大東亜戦争の中でも特筆された悲劇の戦場であった。

死者三万二千名、戦病者四万名という犠牲はまさに「馬鹿な大将、敵より恐い」の実例であった。

戦後、牟田口は戦犯となったが、ＧＨＱは、その牟田口の行動と指揮は「連合国側」

のプラスになったという理由で無罪になった。

一方、イギリス軍は、インパール作戦で日本軍と共に戦ったインド国民軍を反乱軍とし、イギリス国王に対する反逆罪で裁こうとした。

それは、植民地政策の維持が目的である。

イスラム教、ヒンズー教、シーク教のインド三大宗教の中から一人ずつ、三人の将校を反逆罪でデリーのレッド・フォートで裁判にかけようとしたところ、インド国民の意識は戦前と違っていた。数百万人の国民が、インドの街頭で抗議を行ったのである。

それは日本軍のアジア政策が、花開いた瞬間であった。インド国民は、日本のアジアの植民地運動から学習していた。

国民の街頭での抗議に対して武力鎮圧を試みて、戦闘機を飛ばし、民衆に機関銃掃射をさせたが、国民はひるまなかった。

逆に反対抗議は拡がり、インド軍の将兵までが、部隊ぐるみで抗議に参加した。

それが「インパール作戦」の最大の成果となった。

インド国民軍の幹部は、「戦友会をあげて、日本国に感謝している」という英文の感謝状を送った。今、この感謝状は靖国神社の「遊就館」に奉納されている。

その内容は、

「インドが、日本のおかげを蒙《こうむ》っていることは、言語に尽くせない大きなものがあります。偉大な貴国は、インドを解放するのに当たって、可能な限りの軍事援助を提供しました。何十万人にものぼる日本軍将兵が、インド国民軍の戦友として、共に血と汗と涙を流してくれました。

インド国民は、日本帝国陸軍が、インドの大義のために払った崇高な犠牲を、永久に忘れません。インドの独立は日本帝国陸軍によって、もたらされました。

ここに、日印両国の絆が一層強められることを祈念します。

S・S・ヤダフ、インド国民全国委員会事務局長」

というものである。

東京のインド大使館では、近年まで、十月二一日に、インド大使がF機関（藤原機関）（本書「第五章　マレーの虎と太平洋戦」参照）の生存者と遺族を公邸に招いて、感謝の宴が開かれていた。ちなみに、この十月二一日は、ボースの「自由インド政府」樹立の日である。

第十六章　捷号作戦《しょうごう》発令セリ

昭和十九年（一九四四年）七月、連合軍との戦力差の開きはますます大きくなり、日本はじりじりと追いつめられていった。

大本営は必勝を前提とした作戦『捷号作戦』を立案した。

貴重な空母を囮として、日本軍の残存兵力のほぼ全てを投じるという作戦は、日本が勝ち残れる唯一の作戦であった。

連合艦隊航空参謀・淵田《ふちだ》美津雄が日本海軍最後の大勝負に賭けた。

淵田は源田《げんだ》実と共に真珠湾攻撃を成功に導いた名将である。

真珠湾攻撃の当時、淵田は飛行隊長として上空より全機の指揮をとった。

『トラ・トラ・トラ』の打電は淵田によるものであった。

このたびの捷号作戦の流れは、陸軍の基地航空兵力によって敵艦隊を漸減、続いて戦艦による輸送船団や上陸軍への打撃、最後に陸軍が敵の残存兵力を漸減させるという、陸海軍の一致協力を前提とした作戦であった。

米軍上陸兵とレイテ島の輸送船乗組員、合わせて約二十万名に向けて戦艦大和をレイテ湾に突入させる。

大和の四十六インチ砲で裸の輸送船を攻撃すれば少なくとも米兵十万名が戦死する。世論に敏感なアメリカでは、十万名の戦死者が出た事で反戦運動が起きるはずである。

アメリカの士気は衰えるだろう。そうしてこの大戦を終結させるのだ。

作戦を成功させるにはまず、ハウゼイ率いる米空母機動艦隊を、レイテ島より引き離しておかねばならない。

米空母機動艦隊の視野の中に、日本の誇る『戦艦武蔵』の船影が現れた。

武蔵の勇姿にハウゼイ艦隊は勇み立つ。

小沢治三郎・第三艦隊司令長官は、戦艦武蔵を頭とする空母機動部隊全十七隻でハウゼイ艦隊を引きつけ、レイテ島より遠ざける事に成功した。

『囮艦隊』は役目を果たした。武蔵は囮になり、大和は戦力としてレイテ湾に突入し戦艦としての本来の使命を全うするのである。

作戦は次段階へと進んだ。

だが、大和は突入しなかった。


小沢は出撃の際に一抹の不安を抱えていた。

戦艦大和を指揮する栗田健男の、『逃げ癖』と批判される問題行動であった。

ミッドウェー海戦の時、当時第七戦隊司令長官の栗田は、ミッドウェー島に上陸予定の兵士を満載した二隻の輸送船の護衛を放棄し、日本へ帰還した。

その他にも消極的な行動をとる栗田の姿勢には、多くの批判があった。

その栗田が大和に乗り込むのだ。

「ミッドウェーの悪夢を再び起こさせないよう、もしもの時は栗田を刺し殺してレイテ島に突入するように」

小沢は『義烈』と記された決別の短刀を、大和副砲長に手渡している。

はたして、短刀は血に染まらなかったのだが、『もしもの事態』は起こった。

大和は戦艦としての使命を奪われた。

なぜ突入しなかったのか。

なぜ方向転換したのか。

なぜ栗田は生き残ったのか。

作戦は失敗、日本の勝ち残る道は閉ざされたという結果のみが残る。


昭和二十年二月、アメリカ軍の日本本土空襲にはＢ２９が使用された。卓越した能力を持つ爆撃機は、日本国内に莫大な量の爆弾を投下し、日本の継戦能力を喪失させた。

爆撃機はマリアナ諸島から出発、帰着した。

しかし機体の損傷、故障、燃料不足により帰着できない爆撃機も多くあった。そのため日本とマリアナとの中間着陸場の確保が必要とされた。

アメリカは『硫黄島』を中間着陸場と考え、日本はそれを、絶対に阻止せねばならなかった。

アメリカ軍は兵の消耗に敏感であった。戦死を嫌うのだ。

敵地攻略には戦死者という犠牲が生じる。積極的な戦闘行動は避けて戦場地を放置すれば、兵站の断たれかけている日本軍はいずれ自滅する。

ラバウルなどはそのいい例であった。

だが、硫黄島にはラバウルとは違う役目があった。日本本土空襲のための飛行場が、硫黄島に必要なのだ。


日本を焦土の国にするために、アメリカ軍は硫黄島攻略作戦を開始した。

アメリカ軍に対する日本軍の防衛は、陸軍のエース栗林忠道中将を小笠原の父島から硫黄島へ移動させ、その守備にあたらせた。

上陸阻止作戦の場合、多くは水際でそれを阻む。

しかし栗林は優越した戦力で攻めてくるアメリカ軍を、水際で叩くのは無理だと判断。アメリカ軍の上陸までの時間を利用して、蟻の巣穴のごとく地下坑道を掘り、地下要塞を作った。

硫黄島指令の辞令を受けた時に、栗林は死を覚悟した。硫黄島に着任した時、一度死んだ事とした。

恐れがない、迷いがない、全てが客観視できる。

部下に対しては、万歳突撃や自決を強く戒め、長期抵抗を徹底させた。

日本軍は地下要塞からのゲリラ戦で、アメリカ軍を苦しめた。

硫黄島での日本軍の戦死者二〇一二九名、アメリカ軍の戦死者六八二一名、戦傷者二一八六五名。

アメリカ軍が第二次世界大戦で最も人的被害を被った戦闘である。


昭和十九年に入るとB29による本土攻撃が激化した。

B29はボーイング社が設計製造した大型爆撃機である。

『空の要塞』とも呼ばれ、九トンの爆弾を積んで五〇〇〇キロを飛行できた。

『空の要塞』は日本本土の戦略爆撃に利用されたはずであった。

戦略爆撃とは、敵国の戦意低下と戦争能力の破壊を目的に軍需施設や工場、航空基地、軍港などを爆撃する事である。

昭和二十年三月、マリアナ諸島の米軍基地を飛び立ったB29爆撃機三二五機は、東京上空に焼夷弾の『絨毯爆撃』を行った。

米国第二十一爆撃集団司令官カーチス・ルメイ少将は『空の要塞』を飛ばして、国際法に違反する民間人の無差別攻撃をやってのけたのだ。

度々の本土爆撃により、民間人の死亡数は一〇〇万人にも及んだ。東京大空襲の方が、広島、長崎の原爆の死亡者より多かったのである。

敗戦から十九年後の昭和三九年、佐藤栄作首相がカーチス・ルメイに『勲一等旭日大綬章』を授与する事に決めた。

東京大空襲のアメリカ軍指揮官に与えるべきものなのかどうか、当然物議をかもした。

佐藤栄作は「いまや我が国はアメリカと友好関係にあり、過去は過去として功に報いるのは当然」と言い切った。

しかし、昭和天皇はルメイへの授与を断固拒否された。

よって彼の授与式は皇居ではなく、自衛隊入間基地において執り行われ、勲章は浦茂航空幕僚長の手で渡された。

ケチのついた勲一等旭日大綬章である。

陛下の御明断に胸のすく想いがする。

昭和二十年四月一日、日本が無条件降伏するまで徹底的に攻撃すると決めていた米軍は日本上陸作戦の前哨戦として、沖縄本島に上陸した。

米軍は上陸前に、沖縄への大規模な空爆を繰り返し、日本軍の必死の攻撃を未然に押さえようとした。

追いつめられて死にもの狂いで戦う日本軍がアメリカは怖かった。

だから徹底的に叩きのめすしかない。

沖縄に米艦船一三〇〇隻、空母二〇隻、航空機三九〇〇機を集結させた。

『沖縄県民斯く戦えり。県民に対し後世特別の御高配を賜らんことを』

戦場と化した沖縄の県民たちの、見過ごす事のできない実情を、太田実司令官が最後の電文にしたためた。右はその文末である。

アメリカ軍の日本攻撃の勢いは、終末に向かうほどに激しく凄まじくなっていった。

第十七章　最後の特攻

日本軍の至宝である『戦艦大和』を特攻に起用する事が決定された。

大和の起用には反対する者が多かった。

「一億総特攻の先駆けになっていただきたい」

連合艦隊参謀長の草鹿龍之介中将のこの言葉が、大和の特攻起用を決断させた。

特攻部隊のひとつ『神風特別攻撃隊』は大西瀧治郎により考えだされた。

大西は丹波市青垣町で生まれた。

谷垣の故郷の隣町である。

昭和十九年を迎えると、米軍は零式戦闘機の性能を遥かに上回る戦闘機を制作し、その質と量で太平洋制空権を手にしていた。

兵員を消耗する一方の日本軍は、搭乗員の訓練も間に合わない事態に陥っていた。

必要とされるまま未熟な搭乗員を戦闘機に乗せる。戦闘機の性能不足を補う技術が彼らにあるはずもなく、何の成果も出せずに高性能の敵機に次々と撃墜されていった。

『戦闘機ごと敵に体当たりして成果を残す』

彼らの死を無駄にしないのは、もはやこの方法しかない。

それで彼らの忠誠心と名誉は守られる。

大西は『捷号作戦』において『特攻』という決死の攻撃を提案した。この作戦に成功すれば日本は勝てる。

彼ら特攻隊員の死は、日本を勝利に導き平和を取り戻すための、かけがえのない犠牲であると大西は考えた。

しかし捷号作戦は失敗に終わり、日本の敗戦は必至となった。

負ける戦に特攻は続行された。日本は国家滅亡を望むかのように総特攻、総玉砕を選んだ。

既に日本の戦力は尽きかけていたが、それでも日本は戦わねばならなかった。

四国松山基地で編成された源田実大佐率いる第三四三航空隊に、最新機『紫電改』が配備された。

紫電改には零戦の倍の火力二十ミリ機銃四挺と、世界初の『自動空戦フラップ』が装備されていた。エンジンは日本最強の『誉《ほまれ》二十一型』で、川西航空機が満を持して送り出した最新鋭機であった。

昭和二十年三月十九日、全搭乗員が松山基地滑走路に整列、源田実指令の檄が飛ぶ。午前五時四十分、全機に発進命令が発せられた。

『紫電改』五〇機が、米海軍第五十八機動部隊約三五〇機に打ちかかっていった。四国足摺岬上空での激しい空中戦の末、米軍機五十七機を撃墜、対する日本軍の未帰還機は十七機、源田は勝てると観た。

松山基地に隠されていた精鋭部隊に、米軍は衝撃を受けた。

『菊水作戦』と呼ばれたこの作戦は、戦国武士『楠木正成』の旗印に由来する。後醍醐天皇に忠誠して自決した楠木正成は忠臣の鑑となった。

大本営は正成の菊水紋を『天皇と国家への忠誠心の象徴』とし、総特攻戦を計画したこの作戦を『菊水作戦』と名付けた。

一億総特攻の構想の下で作られた最後の特攻兵器は『イ四〇〇特殊潜水空母』であっ

た。

三機の特殊攻撃機『晴嵐《せいらん》』を搭載する世界初の潜水空母である。

海軍最後の秘密兵器は、アメリカ合衆国の首都攻撃を狙うものであった。

全長一二二メートル、基準排水量三万五千トン、速度は水上十八ノット、水中でも六・五ノット、乗員約一五〇名のサイズであった。

しかし特殊潜水艦の活躍の場はなく、出撃の待機中に敗戦を迎えた。

米軍は『イ四〇〇特殊潜水空母』を技術調査した後、ソ連への情報漏洩を恐れ、撃沈処分している。


昭和二十年七月十六日、その日が来た。

アメリカ戦略空軍司令官カール・スパーツ将軍に命令書が下った。

『第二十空軍第五〇九混成航空部隊は八月三日以降、目視爆撃可能な気象条件下において広島、小倉、新潟、長崎のいずれかに対し、最初の特殊爆弾を投下するものとする。

陸軍参謀長代理　トーマス・T・ハンディ』

八月六日午前八時十五分、テニアン島を出発したB２９『エノラ・ゲイ号』が広島上空で放ったウラン型原子爆弾は、一瞬にして二十万人の命を奪った。

続く八月九日午前十一時二分、同じくB２９『ボックス・カー号』が、今度はプルトニウム型爆弾を投下。死者七万四千人。

アメリカが用いた原子爆弾の被害は、人間の考えの及ばないくらい悲惨なものであった。

戦争終結の手段としてはあまりにも巨大であり、かつ不必要な犠牲をもって太平洋戦争は幕を閉じた。

昭和二十年八月十五日正午、天皇陛下は国民に向かって終戦の詔勅を述べられた。ラジオから流れる陛下の御言葉に、全国民は戦争が終わった事を知った。

八月十六日、渋谷南平台の海軍官舎で特攻を指揮した大西龍治郎が割腹自殺した。米軍を震撼させた特攻隊を送り出し、多くの若者を死なせた責任をとった。残された家族は、さぞかし辛い立場に置かれたであろうと思う。

大西の墓所は二か所で、丹波の西芦田の共同墓地と、横浜鶴見の総持寺にある。総持寺の墓所は、辛い大役を背負い、潔く果てた大西の武士道精神を讃え、児玉誉士夫等が尽力して建立したものである。

九月二日、米戦艦ミズーリ号で降伏文書が調印され、日本は連合軍に対し無条件降伏した。

第十八章　大日本帝国陸軍とその実体

大日本帝国陸軍の要は『参謀本部』である。

その歴史は明治維新後に組織された天皇直属の『御親兵』を前身とする。

発足初期の総長職には、皇族の有栖川親王、小松宮親王、川上操六、大山巌、山縣有朋らが名を連ねる。

外国の敵と戦う事などほとんどなかった日本であったが、日清・日露の戦いが大日本帝国陸軍を強くした。

明治五年、兵部省が陸軍省と海軍省に分割されて参謀局となる。

明治十二年、参謀本部は天皇直隷の軍令機関となった。

帝国陸軍の最高指揮官は天皇であり、参謀総長は天皇を補佐する立場であった。

天皇の名で命令が下され、詳細な指示は参謀総長が行った。

時代が進むにつれ、軍の力は強大になっていく。

『天皇は陸海軍を統帥す』

この文言を盾に取り、軍は統帥権の独立を画策し始めたのであった。

統帥権を軸にして陸軍の軍政事務全般を司っていた陸軍省は、内閣に於ける陸軍大臣の影響力を強くしていった。

歴代大臣の顔ぶれは次頁の通りである。


東條英機が第二十九代陸軍大臣の座についた時に、大日本帝国陸軍は国家の体をなしていた。

東條は陸軍大臣のみに留まらず、総理大臣、参謀総長の三職を兼任した。

東條の強権的な政治手法は『東條幕府』と呼ばれ、批難される事も多くあった。

陸軍の決めた秩序と安定の維持を目的に、それらを揺るがす者は排除された。

東條に服従しない者、苦言を呈した者は戦地へ送られたのである。


大東亜戦争時の戦争指導者たちは、東條に代表されるように皆エリートであった。エリートでなければ上層部に入れない仕組みとなっていた。

歴代陸軍大臣

代	就任	氏名
制度改正前	明治 6 年 (1873) 6 月	山県有朋
	明治 11 年 (1878) 12 月	西郷従道
	明治 13 年 (1880) 2 月	大山巌
初代	明治 18 年 (1885) 12 月	大山巌
2 代	明治 24 年 (1891) 5 月	高島鞆之助
3 代	明治 25 年 (1892) 8 月	大山巌
4 代	明治 29 年 (1896) 9 月	高島鞆之助
5 代	明治 31 年 (1898) 1 月	桂太郎
6 代	明治 33 年 (1900) 12 月	児玉源太郎
7 代	明治 35 年 (1902) 3 月	寺内正毅
8 代	明治 44 年 (1911) 8 月	石本新六
9 代	明治 45 年 (1912) 4 月	上原勇作
10 代	大正元年 (1912) 12 月	木越安綱
11 代	大正 2 年 (1913) 6 月	楠瀬幸彦
12 代	大正 3 年 (1914) 4 月	岡市之助
13 代	大正 5 年 (1916) 3 月	大島健一
14 代	大正 7 年 (1918) 9 月	田中義一
15 代	大正 10 年 (1921) 6 月	山梨半造

代	就任	氏名
16 代	大正 12 年 (1923) 9 月	田中義一
17 代	大正 13 年 (1924) 1 月	宇垣一成
18 代	昭和 2 年 (1927) 4 月	白川義則
19 代	昭和 4 年 (1929) 7 月	宇垣一成
20 代	昭和 6 年 (1931) 4 月	南次郎
21 代	昭和 6 年 (1931) 12 月	荒木貞夫
22 代	昭和 9 年 (1934) 1 月	林銑十郎
23 代	昭和 10 年 (1935) 9 月	川島義之
24 代	昭和 11 年 (1936) 3 月	寺内寿一
25 代	昭和 12 年 (1937) 2 月	中村孝太郎
26 代	昭和 12 年 (1937) 2 月	杉山元
27 代	昭和 13 年 (1938) 6 月	板垣征四郎
28 代	昭和 14 年 (1939) 8 月	畑俊六
29 代	昭和 15 年 (1940) 7 月	東条英機
30 代	昭和 19 年 (1944) 7 月	杉山元
31 代	昭和 20 年 (1945) 4 月	阿南惟幾
32 代	昭和 20 年 (1945) 8 月	東久邇宮稔彦
33 代	昭和 20 年 (1945) 8 月	下村定

ここが明治の軍人との違いであろう。

幕末の変遷期、憂国の想いから立ち上がった者たちは上級武士ばかりではなかった。そんな彼らが御親兵となり日清日露を戦ったのであるが、日本の軍隊の資質や士気は、時代の求めに応じて変わっていったのである。


日本では昭和二十年の終戦まで、国民男子の兵役法に基づく徴兵制度があった。全ての男子が二十歳になると徴兵検査を受けた。

特例で二十六歳までの大学生には徴兵猶予が認められていた。

しかし昭和十八年以降になると、徴兵猶予の制度は廃止された。パイロットが足りなくなったのだ。

配属はほとんど、陸軍航空隊であった。


今のようなレーダー誘導がなかったために、目標物のない海上を飛行するパイロットには、風と方向を常に計算する事が必要とされた。

海軍航空隊にはその能力と経験が求められた。

士官学校の試験では高い学力が求められたが、徴兵検査では学力試験はなく、その能力の高さは必ずしも必要とされるものではなかった。

検査の判定区分は次の通りであった。

(甲種合格) 体格が標準で身体が頑健な者
(二種合格) 身体は普通に健康な者
(丙種合格) 体格、健康が劣る者
(国民兵役) 四十歳迄の者

そしてこのような徴兵制度とは別に、自ら希望して入隊する志願制度があった。

海軍の兵員はおおむね志願兵であった。

また陸軍幼年学校、陸軍予科士官学校、陸軍士官学校、陸軍大学校などを卒業して入隊した者は『職業軍人』と呼ばれた。

山本五十六も影佐禎昭も東條英機も、職業軍人であった。

軍隊生活はあらゆる行動が詳細な規則により決められる。
まず起床は五時から六時の間とされ、起床後直ちに着替えと寝具の整理整頓。
朝の点呼、清掃、兵器の手入れ、訓練。
朝食は六時半から七時半。
午前の演習。
十二時昼食。
十四時から十七時、洗濯と入浴。
十七時から夕食。
夕食後二時間は自由時間。
二十時、夜間の点呼。
二十二時半、消灯。

海軍には陸軍にない特別な決まりがあった。
・就寝前に必ず用便を行う
・就寝前に茶湯は飲まない

・毛布で顔を覆わない
・仰向きで寝る
・起床号令以前に起きない

そしてまた、水の貴重な洋上においては、入浴は毎日ではなかった。

楽しみとしては、隊内の酒保という売店で日用品や飲食物の買い物ができたことだった。


こうして教育された兵員は、終戦の年の昭和二十年地点で六〇〇万人を遥かに上回っていた。

その一年前の昭和十九年地点では四〇〇万人であった訳だから、最終段階を迎えた頃の召集の勢いは凄まじいものがある。

そのうち、戦病死も含めた二三〇万人は帰らぬ人たちとなった。

第十九章　海軍新撰組伝説

幕末期、王城の地・京都において一手に治安を担ったのは『新撰組』であった。

『誠』の一字を旗印に掲げる、必殺集団であった。

『命惜しむな、名こそ惜しめ』

武士としての美学を貫こうとした新撰組が、昭和二十年の終戦間近に四国松山によみがえった。

源田実率いる紫電改戦闘部隊は、『新撰組』『維新隊』『天誅隊』『奇兵隊』『極天隊』の通称を付し、指揮所も屯所と呼んでいた。

既に戦闘手段は特攻主体となっていたが、源田は航空戦闘員に、本来の戦闘スタイルで戦うよう指揮した。

彼らは南海の島々から集められた、ベテランパイロットたちの生き残りであった。

源田は彼らに言い聞かせた。

「死んではならない。生きて生きて敵機を撃ち落とせ」

米軍を怖がらせた零戦は既に過去のものとなり、米軍機の敵ではなくなっていた。

そこで登場したのが紫電改であった。

最新鋭戦闘機とベテランパイロットの組み合わせは『源田サーカス』の異名をとり、彼らのアクロバット的な動きには敵味方ともどもが驚嘆した。

しかしその成果ゆえに幕僚本部より無理難題を要求され、本来の力を発揮できなくなってしまう。

ここでも、戦争指導者たちの指揮能力の無さが窺われる。


日本の宝、戦艦大和にも最後の時が迫りつつあった。

伊藤整一司令長官は大和による海上特攻『天一号作戦』の命令を受けた。

参謀の多くは、大和が瀬戸内海の柱島につながれたまま、戦わずして沈められる事の無念さを嘆いていた。

大和に華々しい死に場所を与えてやりたい。

少しでも意義のある出撃をさせたい。

そうした意見の出る中、無謀な作戦になかなか納得しなかった伊藤だったが、草鹿龍之介中将の『一億総特攻の先駆けに』という言葉で承諾する事となった。

四月六日、航空機の援護のない水上部隊の特攻が開始された。

アメリカの制空権下でのこの作戦は、成功すれば奇跡であった。

「大和を特攻に使わずして戦争に負ければ、次の日本は作れない」

戦艦大和は次の日本国誕生のための生け贄として、その存在を示す事となった。

四月七日早朝の松山では、援護機なしで出撃する大和を見送るため、紫電改戦闘部隊が滑走路に整列していた。

「せめて豊後水道まで」

南下する戦艦大和を追いかけて全機が離陸した。

豊後水道を区切りに全機が帰路につくはずだった。

しかし、四機だけは大和を追いかけ続けた。

松山への帰還を大和からの無線で促す。

しかし、四機は大和から離れない。

その一機ずつが大和に向けた無線で、それぞれの出身地、氏名、階級を告げた。

なぜ原隊に帰らないのかという問いに、

「大和が好きであります」と答えたという。

まもなく米軍の総攻撃が始まった。

四機の紫電改が、敵の大編隊に飛び込んでいった。

最後の無線は「我、任ヲ全ウシ、皇思ニ報イ奉ル」であった。


大和に最後の時が来た。

北緯三〇度四三分、東経一二八度四分に達した時「傾斜復旧の見込みなし」の声が伝声管を走った。

十四時二三分、大和は大爆発とともにその使命を終えた。

『総員、死に方用意』の命令を受けた乗組員のほとんどが大和の道連れとなった。

伊藤と艦長の有賀幸作大佐は退艦を拒否し、大和とその乗組員らと共に戦死した。

左記は伊藤整一の遺書である。

「此度《このたび》は光栄ある任務を与えられ、勇躍《ゆうやく》出撃、必成《ひっせい》を期し殊死奮戦《しゅしふんせん》、皇恩の万分の一に報いん覚悟に御座候《ござそうろう》。此期《このご》に臨み、顧みると吾等《われら》二人の過去は幸運に満てるものにして亦《また》私は武人として重大なる覚悟を為さんとする時、親愛なる御前様も後事《こうじ》を託して何等憂《なんらうれい》なきは、此上《このうえ》もなき仕合せと衷心より感謝致居候。御前様は私の今の心境をよく御了解になるべく、私は最後迄喜んで居たと思われなば、御前様の余生の淋しさを幾分にしてもやはらげる事と存じ候。心から御前様の幸福を祈りつつ。

四月五日、整一

いとしき最愛のちとせどの」

第二十章　満州の落日

昭和二十年八月十一日、ソ連軍が新京に迫りつつあった。

同日深夜、愛新覚羅溥儀とその妻、婉容は新京から逃亡しようとしていた。

終焉を迎えた権力者の逃亡ほど哀れなものはない。

前述の通り溥儀の妻、婉容は重度の阿片中毒で、自力で歩く事ができない状態であった。

溥儀は婉容とは行動を共にせず、彼女は供の者に背負われて、わずかな臣下の者等と這々の体で新京を離れた。


八月十五日影佐はラバウルで、岸は本国で終戦の詔勅を聞いた。

敗戦とともに、彼らが我が子のように慈しみ育てた満州国も消えてしまった。

ラバウルが死に場所と覚悟して赴任した影佐であったから、生きて敗戦を迎えた事が不思議に感じられた。

これが運命なのだろう。

死神はまだ影佐を選ばなかった。

こうして生きている以上、誰一人欠ける事なく部下全員を日本へ連れて帰ろう。

影佐は強く決意した。


満州各地で武装解除が進む八月十九日、関東軍総参謀長・秦彦三郎は東部ソ連国境でワシレフスキー極東ソ連軍司令官との停戦交渉を行い、日ソ間で停戦協定が成立した。交渉には関東軍参謀・瀬島龍三中佐も同席して、中国大陸に残留する日本の軍人、民間人への食料供給と早期帰還などが協議された。

しかしモスクワからワシレフスキーに届いた決定は『日本人五十万人の捕虜収容所移送と、建設大隊の組織構築』であった。

スターリン指導の国家防衛委員会は『日本軍捕虜を奴隷のごとく利用せよ』という決定を下したのであった。

ソ連によるこの処置は、戦後の国会などでも大いに問題視された。

日本人のシベリア抑留の経緯が不明瞭なままであり、また秦や瀬島の責任が追求されなかった事が大きな問題であったのは当然の事であろう。

確かに言える事は、『ソ連の捕虜強制労働はポツダム宣言違反だ』という事である。

シベリア抑留で強制労働に従事させられた日本兵の数は、厚生省援護局の資料によると五七万五千人となっているが、実際には七十万人に近い人数であったとされる。

極寒期には氷点下三十度にもなる過酷な環境に加えて、満足な食事や休養を与えられずに苛烈な労働を強要された。

シベリア抑留者のうち約三四万人の日本人が現地で死亡し、今なお六万人の日本人がその地に眠っている。

日本を代表する歌手の三波春夫も、本名・北詰文司として苦難の抑留生活を強いられた一人であった。

またプロ野球の水原茂もシベリア抑留を経験した一人であった。

昭和二四年に帰国。

「水原茂、ただいま帰って参りました」の声とともに満員の後楽園球場から再スタートした。

日本が戦うべき相手はアメリカではなく、ソ連だったのではないか。我々はこの『シベリア抑留』の事実を忘れてはならないと思う。


満州国皇帝溥儀が極東国際軍事裁判の法廷に立った。

「自分の立場は日本の傀儡であり、私と満州国との関わりの全ては、関東軍の私への武力圧迫により受諾させられたものである」と証言した。

被告席に座る日本人被告の強い憤りが容易に想像できる。

一九五七年の初稿から始まり、二〇〇七年に完全版として出版された、溥儀の晩年の自伝『我が半生』において、彼は極東国際軍事裁判での偽証を謝罪している。


この東京軍事裁判でA級戦犯として死刑判決が下ったのは、開戦責任を受けて東條英機、満州事変の責任を受けて板垣征四郎、特務機関長としての責任を受けて土肥原賢二、文官としての責任を受けて武藤章、松井石根、木村兵太郎、日華事変以降の責任を受けて広田弘毅がいた。

『兵《つわもの》どもが夢の跡』

日本が引き上げた後は、国民党と共産党が満州の奪い合いを始める。

中国重工業の九十%を、満州内の工業施設が担っていたからである。

日本が満州に残した貴重な遺産である。

南満州鉄道を疾走した『あじあ号』は、日本国内を縦断する新幹線建設のきっかけのひとつとなった。

満映は東洋のハリウッドと謳われ、その技術と俳優たちが日本映画界に引き継がれた。

古代日本の任那日本府からつないできた我々の大陸への憧れは、満州にて実現されたかに思えた。

だがそれは幻の国家であった。

大きく膨らんだ満州国の夢は、瞬く間に灰燼《かいじん》と帰した。

しかし夢は、間違いなく一時現実のものとなり、日本人の希望として大きく輝いたのである。

昭和の歴史に残した満州の存在は大きい。

第二十一章　夜明け前の闇

米国では、史上最強にして最悪の秘密兵器の完成が、刻一刻と近づいていた。

ウラニウム爆弾はオークリッジで、プルトニウム爆弾はハンフォードのデュポンの工場で製造が進められていた。

日本への投下は、陸軍航空隊第五〇九航空群で計画されていた。

輸送は重巡洋艦ＵＳインディアナポリスで、スプルーアンス司令官が指揮を執っていた。

一九四五年（昭和二十年）七月十六日、米国ニューメキシコ州アラモゴート砂漠で人類初の原子爆弾の実験が成功。

早くも翌十七日には、日本国内への原爆投下命令が下された。

八月六日、テニアン島を出撃したＢ２９エノラ・ゲイ号は、広島上空にウラン型爆弾を投下した。

「絶対に捕虜になってはならない」

原爆投下作戦を実行した米兵十二人は、内ポケットに青酸カリのカプセルを忍ばせて出撃した。

続く八月九日、同じくＢ２９ボックス・カー号によって、プルトニウム爆弾が長崎に投下された。

米国の投下した原子爆弾による死傷者の八割は、一般市民であった。

広島、長崎における一般市民の死亡者数は、約三十万人であったとされる。

この死亡者数は、太平洋戦争中の国内外における短時間大量殺戮のワースト一位の記録である。

明らかに戦争法に違反する一般市民を標的とした原爆投下は、確実に日本を追いつめた。

米国空軍のカーチス・ルメイ少将は、歴史に残る無差別殺戮作戦を成功させたのであった。

第二十二章　天皇の心、誰知るや

開戦第二戦目に早くも潮目の変化を見た日本の大東亜戦争は、誇るべき世界最強の日本兵の奮闘により驚愕の負け戦を続けていった。

軍部は戦っている日本兵にも、国民にも、君主である天皇にも虚偽の報告を続けた。国の宝であった日本兵は、その虚偽の報告を信じて最後まで戦い抜いた。

各前線で日本軍の大敗を目にしつつ、無事に帰還を果たした兵員は、次は僻地の部隊へ送られた。口封じのためであった。

戦後、この恥ずべき行為に対する責任に面と向かった上層部軍人は、残念ながら非常に少数であった。

昭和二十年八月九日、陛下は大元師の軍装で、皇居内の地下防空壕『御文庫』で侍従武長官とともに『御前会議』に臨まれた。

厚さ三〇センチの鉄の扉の向こうには、金屏風を背にした玉座を前に、日本の最高責任者たちが顔を揃えていた。

鈴木勘太郎首相、平沼騏一郎《きいちろう》枢密院議長、豊田副武《そえむ》海軍軍令部総長、梅津美治郎《よしじろう》陸軍参謀総長、東郷茂徳外相、阿南惟幾《あなみこれちか》陸相、米内光政海相、迫水久常《さこみずひさつね》内閣書記官長、吉積正雄陸軍軍務局長であった。

迫水が涙ながらに帝国の現状と戦況を説明した。

連合国が発表したポツダム宣言を受託するか否かで、意見は分かれた。

これまでの御前会議においては、『意見が一致しない場合は否決』というしきたりであったが、鈴木貫太郎首相はこのしきたりを破って陛下に聖断を仰いだ。

陛下はおっしゃられた。

「大東亜戦争が始まってから、陸海軍とも、予定と結果とがどうも違う。本土決戦には勝つ自信があるというが、参謀総長の報告と違って、九十九里浜の防衛すらほとんどできていない。

兵士に銃剣すらいき渡っていないこのような状態で、本土決戦に突入したらどうなるか、どうしてこの日本という国を子孫に伝えられるだろうか……？」

陛下は言葉を続けた。

「耐え難いこと、忍び難いことであるが、私はこの戦争をやめる決心をしたい……。

自分の事や皇室の事など心配しなくてもよい」


すすり泣きが号泣に変わる。

皆の号泣が意見の一致を示した。

陛下は白い手袋でメガネに手をやりながら、滲み出る涙をそっと拭われた。

陛下のご聖断によりポツダム宣言が受諾された。

昭和天皇によって国民が救われた瞬間であった。


会議は、十日午前二時二十分に終了。

「会議は終わりました。ただいまの思し召しを拝しまして会議の結論といたします」

鈴木は涙ながらに会議の締め括りを伝えた。

陛下はその信念において、終戦という最良の選択を望まれた。

この選択は日本の運命を決めた重大な岐路となった。

八月十五日、玉音放送が流される。

九月二日、東京湾上のミズーリ号甲板にて日本は降伏文書に調印。

九月二七日、マッカーサーが天皇陛下に拝謁。


「陛下がどのようなご様子で私とお会いになるのか、私は大変な好奇心でその時に臨みました。

実に驚いた事に、陛下は戦争責任の問題を自らお話しになり、そして次のようにおっしゃいました。


私は日本の戦争責任に伴う、いかなる事にも全責任をとります。

また私は、日本の名においてなされた全ての軍事指揮官、軍人及び政治家の行為に対しても直接に責任を負います。

自分自身の運命について、貴下の判断がいかようなものであろうとも、それは自分の問題です。

私は全責任を負います。

私は興奮のあまりに、陛下にキスをしようとしたくらいです。もし国の罪をあがなうことができるのであれば、進んで絞首台に上がることも辞さないと、この日本の元首は言う。

陛下に対する私の尊敬の念は、ますます深まっていきました。」


宮中見聞録に記された、マッカーサーの感想である。

マッカーサーはこの会見から、陛下に対する態度をすっかり変えてしまった。

マッカーサーは陛下のファンになったのである。

そして天皇に戦争責任のない事を確信した。


「私は大きな感動に揺すぶられた。

死を伴うほどの責任、それも私の知り尽くしている諸事実に照らして、明らかに天皇に帰すべきでない責任までも引き受けようとされた。

この勇気に満ちた態度は、私の骨の髄までも揺り動かした。

私はその瞬間、私の目の前にいる天皇が、個人資格においても日本の最上の紳士である事を感じとった。」

極東国際軍事裁判で裁判長を務めたオーストラリア人のウィリアム・ウェブも、陛下に戦争責任を問うことなく、

「天皇は神だ。あれだけの試練を受けても帝位を維持できるのは、神でなければあり得ない」と語った。

そしてまた後日には、

「東京裁判は誤りであった」と反省の辞を述べている。

第二十三章　夢破れて山河あり

昭和十七年ガダルカナル作戦における米軍は、我が軍の想像を遥かに上回る戦闘力を持していた。

第八方面軍の今村大将は、現状の打開策を模索していた。

第三十八師団を率いる影佐は今村の指揮下に就いて、ラバウル防衛の作戦を担当した。

予測される敵上陸地は東部海正面であった。

影佐は胸の病気と闘いながら、ラバウルの要塞化に奮闘した。

ラバウル移動命令を受けた時に、命は捨てていた。

「なるように成る。なるようにしか成らない。この命は天にまかせよう」

ラバウルでの変化のない日々、必要性の窺えない基地要塞化への連日の作業、そして悪化していく胸の病。

影佐は自然体で向き合った。

堅固な防御陣地を構築するとともに、ジャングルを開墾して甘藷やタピオカ、野菜などを栽培。食料自給の対策をとって長期戦に備えた。


昼夜の別なく空襲があった。

敵は軍集積品を狙って爆撃を繰り返す。

制海権は米軍にあるため、兵站は断たれたままで、日本軍の輸送船は来ない。後方支援は期待できないのだ。

皆必至になって集積品を消火救出した。

空襲のない時は、炎天下の中の作業と訓練に明け暮れたが、戦況我に利あらずであった。

しかしここでも。特攻挺身隊が結成された。

松本少佐が影佐師団長に申告する。

「我が日本軍は敵の物量に圧され、各地で悪戦苦闘している。各部隊から選抜された諸君は私の虎の子である。

三か月の猛訓練は苦しかったであろう。しかし、もう少し頑張ってほしい。教育修了後は最前線へ出るのだ。私たち師団全員もすぐ後に続く。日本軍人の花と散ってくれ。諸君の功は南十字星とともに日本の歴史に輝くであろう。靖国神社で手柄話に花を咲かせよう」

影佐の目に涙が光る。

しかし、靖国神社で手柄話に花を咲かせるという約束は、実現できなかった。終焉の地としてラバウルに派遣された影佐であったが、東條の思惑は外れ、彼は敗戦によって生き延びた。

ガダルカナルを奪回した米軍はニューギニアで航空基地を整備し、最大拠点のラバウル総攻撃を予定していた。

しかし米軍の企てていた山本五十六暗殺計画の成功が事態を急転させた。南方の一島ずつを奪回していた米軍の計画では、日本軍の猛反撃による大きな犠牲は避けられない状態であった。

山本五十六の存在が無くなった今、日本軍の士気の低下は予想できた。加えて、山本五十六に続く指揮官が現れる可能性もない。

米軍は敢えて日本に戦闘を挑む必要はないと判断した。南の島々に残された日本軍は放っておけばよい。

死に花を咲かせたいとする日本兵の願いを、米軍は遂げさせてくれなかった。


ラバウルも然り、無理をして奪回する必要がないと米軍は判断した。


ラバウルでの時が流れ、同時に死闘の島が南の楽園島に変わっていく。

対米戦は起こるはずもなかったのであるが、ラバウルに残された彼らには知る由もなかった。

主要陣地を『沼本城』と命名し、対米戦に備えて影佐が指揮を執った。

ラバウルの軍生活の中で、影佐の人となりが垣間見えるエピソードがある。

島の一本道を輸送車が走っていた。その反対側からは、影佐を乗せた車がやってくる。

当然の事として輸送車がバックしようとした時、影佐は輸送車の後退を中止させた。

輸送車は今、作戦行動中であり、それは第一線部隊の戦闘行為と同様の重要任務であると影佐は説いた。

我々はこの場所において、時間の浪費や兵団戦力に影響を及す事は慎まなければならない、緊急性のない今の私を先に通過させるという時間の浪費は、避けなければならない事のひとつである、影佐は部下にそう話したという。


そして敗戦を迎えた。

敗戦国となった我が軍が、戦勝国の第三国人を輸送する事になった。

影佐は輸送を担当する幸田部隊に、こう訓示した。

「幸田部隊はラバウル防衛中、部隊長以下一致協力して兵団の防衛戦闘準備を全うし、遺憾なくその任務を遂行し、その功績は不滅である。

ただし今は遺憾ながらこの状態である。

敗戦の憂き目を見るという事は、甚だ残念であるがこれも天命のしからしむところで、天命とあらば之を甘受しなければならない。

本日は貴官らが防衛中の身の危険を顧みず行動した時よりも、さらに苦しい立場に置かれていると思う。敗戦国の軍人として、勝戦国の人々を輸送する任務に就かねばならないという事は誠に御苦労である。

心から諸君に謝辞を述べる。三国人の人たちが諸君らに無理難題を持ちかけるかもしれない。血気盛んな貴官たちにとって、日本人として忍ぶに耐えられないような事が起こるかもしれない。

しかし隠忍自重してもらいたい」

万感の思いが影佐の胸を駆け巡ったのだろう。その後はもう声にならず、

「頼む、御苦労」

と言葉を結んだ。

「破れたりと云え、日本軍の高い士気と厳正な規律、そして礼儀正しさを示して日本人に対して畏敬の念を抱かせるべきである」

勝敗の結果にぶれる事なく、影佐は誠実で礼儀正しく、その姿勢は常に一貫していた。

影佐の副官をしていた沢辺邦雄が影佐の思い出を語っている。

「戦況は悪化の一途を辿っている時期でありました。

そんな状況下ではありましたが、閣下の徳を慕って、是非とも揮毫《きごう》（字や絵をかくこ

と）をしていただきたいと請う人たちが後を絶たないというありさまでした。

それは指揮下の将兵であったり、海軍部隊の将校であったりしました。

しかし書き記すものが無くなり、落下傘の押収品を裁断して使用しました。

閣下は嘘を言わないという事を自分の信条とされていましたので、汪兆銘の絶大な信任を受け、常に良き相談相手としての任を果たしておられました。

閣下は、日本は支那を食い物にしようなどという、さもしい目先の勘定に走ってはいけないのだ。大国支那と日本が手を結ぶ事は、双方にとって、政治、経済、軍事に大きなプラスになる。この事が東洋の平和にも連なる基である。

そう語っておられました」

副官の話に武人影佐の人柄と意志が窺える。

第二十四章　贈り物

「俺の初孫が生まれたよ、男の子だよ」

敗戦の五か月前にあたる昭和二十年三月七日、影佐の長女・安紀が男児を出産。

男児は祖父『影佐禎昭』の禎と、父親『谷垣専一』の一の一文字ずつをもらって『禎一』と名付けられた。

運命の子・谷垣禎一の誕生であった。

厳しい状況の中でのこの贈り物は、ほのかな希望の光を放ってくれた。

このような時代でも、どこかで新しい命が誕生している。

自分たちの達成できなかった、皆が幸せに暮らせる社会の建設を担ってくれるだろう新しい命の誕生。

ここに留まる部下たち全員を無事日本へ連れて帰る。自分も彼らとともに帰国し、初孫におじいちゃんの顔を見せるのだ。

胸の病の悪化と闘う影佐には、初孫誕生の知らせはなによりの薬であった。部下たちも、影佐の喜ぶ姿を見て我が事のように喜んだ。

この子が後の自由民主党総裁になるのであるから、その誕生を祝福してくれた日本兵全員の、平和への願いを一身に受けて生まれてきたのだと思う。

そして迎えた昭和二十年八月十五日の正午、終戦の知らせがラバウルに届いた。聞き取りづらい雑音とともに、玉音放送が流れた。覚悟はしていたものの、すすり泣く者もいたのは当然の事だろう。

影佐は泣かなかった。ラバウル移動命令を受けた時に、命はもう、なくしたようなものだったからだ。

哲学者で評論家の長谷川三千子さんは、終戦のその時をこう述べておられる。

「神やぶれたまわずの中、シーンとした静寂の中で、国民は自分たちが天皇陛下のために差し出した命を救うために、天皇陛下がご自分の命を差し出された事を知りました。

その一瞬は君民一体の国体が実現した瞬間でした。

国民は『海ゆかば水漬く屍、山ゆかば草むす屍、大君の辺にこそ死なめ省みはせじ』とうたい、天皇は『爆撃にたふれゆく民の上をおもひ、戦とめけり身はいかならむとも』とうたい、お互いがお互いを捧げ合った瞬間でした。

天皇と国民が命を捧げ合い、君民一体の関係性を護持する事ができたのです」

日本はこの敗戦を機に、物凄い早さで復興を遂げ、民主化を確立していく事となる。


話は遡って終戦の約二年前の昭和十八年の春、ラバウルへの転進の知らせを受け、生きて再び日本の地を踏む事が期待できない影佐には、ラバウルに向かう前に家族のためにやるべき事があった。

家族の幸せを願いつつも、軍人である影佐は、それを優先する事はできなかった。

忙しさにかまけて、かまってやれなかった娘三人に対する不憫さと後悔。

子の幸せを願う気持ちは、一般人も軍人も同じである。

年頃に成長した彼女たちの、幸せな縁談を願った。

しかし三人同時には難しく、そして自分にはもう時間が残っていない。

想いを長女安紀に託した。

安紀は美人で心優しい、才色兼備な女性に育っていた。

影佐は満州国総務庁の古海忠之に、縁談の仲介を頼んだ。


谷垣専一（前文部大臣）は、農林省から満州国に出向し、満州国の農業生産の技術指導や開拓計画等に従事していた。

当時の満州には、大蔵官僚として愛知揆一《きいち》、大平正芳らもいた。

昭和十八年六月、専一に古海忠之から呼び出しがかかる。

影佐中将の息女との見合いであった。

役人の専一にとって軍人影佐は、名前を知るのみの人であった。

不安と緊張の中で、古海に教えられた長春市の中銀クラブへと向かった。

そこには影佐と夫人の幸子、長女の安紀が並んで座っていた。

女性にあまり興味を示さない専一であったが、安紀を心から美しいと思った。一目惚れである。

縁談はその場で決まった。

影佐は死支度ができたと思った。


昭和十九年、専一と安紀が結婚。

翌二十年、二人の間に長男・禎一が誕生する。

終戦を迎えた後、専一は国会議員として活躍し、禎一の教育は母親・安紀の仕事であった。


父・谷垣専一の衆議院会館内の入り口には一枚の額が掛かっていた。

『谷垣専一、剣道範士の称号を授与する』

という全日本剣道連盟の証書である。

剣道範士とはその技術のみならず、人格にも優れた者に与えられる武道の称号の最高位である。

専一の事務所に客が来て剣道の話になった時、

「先生、本当に強いのですか」という質問に、

「三校に谷専ありと言われたもんだよ」

と楽しそうに答えたという。

谷垣禎一は母親・安紀の愛情をいっぱいに受けて成長していった。

禎一のしぐさや表情に父・禎昭の面影を見ると同時に、彼の聡明さと優しさに禎昭の意識の受け継ぎを安紀は確信した。

禎一は麻布中学から麻布高校へと進み、一年間の浪人を経て東大法学部に入学。

しかし東大在学中に母・安紀が四十二歳の若さで逝く。禎一には受け入れ難い試練であった。

中学時代から山岳部で山に親しんできた禎一は、山に救いを求めた。

立山を、穂高を、釼岳を、行者のように登った。

一年の半分近くを登山仲間と山で過ごした。父親の専一は「禎一は東大法学部ではなく、東大山岳部に入学した」と苦笑いしていたという。

山登りに没頭した結果、授業の単位を落とし続け、東大を卒業したのは入学から八年

を経過した昭和四七年であった。

卒業後はアルバイトをしながら、十年かけて弁護士になった。

母の死を乗り越え、ゆっくり歩んだ青年期であった。

本人曰く、「長所は我慢強いところで、短所は我慢しすぎるところ」

この忍耐力がなければ、年間百五十日の登山も、八年間の大学生活も、弁護士となるための十年間の苦労も越える事はできなかったであろう。


昭和五八年、父・谷垣専一死去。

亡くなる前に専一は、地元の支援者たちに「息子の禎一には後継は無理だから選ぶな」と言い残していた。

専一の死去に伴い、京都二区の補欠選挙が行われる事となった。

父親の言いつけ通り、後を継ぐつもりはなかったが、後援会に口説き落とされたかたちで補欠選に出馬した。

出馬するからには、禎一も決心を固めた。

『祖父・影佐と父・専一のやり残した、アジアの平和のために立つ』

ベテランの塩貝福知山市長を始め、多くの専一ファンが福知山市の谷垣事務所に集まってくれた。

「禎一さん、おやっさんの弔い合戦をやりましょう」

多くの地元支援者に会い、禎一は改めて父・専一に感謝した。

彼ら支援者は父が何十年もかかって築き上げた努力の賜物であった。

そして彼らは、父から子へのバトンタッチを暖かく見守り、受け入れてくれた。

この故郷のために、この日本のために、自分にできる誠心誠意の努力を怠らない事を禎一は心に決めた。

意を決した禎一は、彼らしくこつこつと、辛抱強く政治活動に従事した。

そしていつの間にか、自由民主党にとって不可欠な人物に成長していった。

法務大臣、財務大臣、国土交通大臣、国家公安委員長、金融再生委員会委員長、科学技術庁長官、産業再生機構担当大臣、自由民主党総裁、自由民主党政調会長を歴任するに至っている。

谷垣禎一は自分の使命を忘れていない。

東アジア外交の立て直し、地域社会の活性化が彼の二本柱である。

前述したが、影佐が晩年にラバウルで、大戦の回想を家族に宛ててしたためた『曽走路我記』には、次の記述がある。

『今南溟の地に作戦に従事す。生還帰し難きこと戦争の常であるが、此度の戦いは特に然る事大勢上明らかである。依って従来家庭の父として尽くすべくして得なかった罪滅ぼしとして稿を起こす』

右はその前書きである。

影佐は平和のために奔走した人々の記録を、家族に知ってもらい、そしてまた、平和の時代に生きる我々に残したかったのであろう。

こうして影佐の足跡を辿ってきたのだが、会った事のない彼が、ますます谷垣禎一氏と重なってくるのである。

谷垣氏にはきっと影佐の声が聞こえており、その想いを受け平和のために邁進しているのだと思う。

今こそ我らアジア人は、ヨーロッパやアメリカとは違う、アジア独自の文化と価値観を尊重した大東亜共栄圏を築く時なのではないだろうか。

この思いを抱く日本人の心の中に、軍人影佐禎昭の魂が生き続ける。

第二十五章　種は蒔《はな》たれた

一九二四年（大正十三年）はアメリカ上下院で、排日移民法が成立した年である。

当時の在米日本人移民は、アメリカ国内において不動産が所有できず、住居の賃貸契約も結べなかった上に、子供たちは公立学校の入学も許可されなかった。

こういった差別は日本人のみに向けられたものではなく、世界中の有色人種に対してかけられた圧力であり、支配する側はアメリカだけではなかった。

白人至上主義が世界中に蔓延していた。

このような差別の中で、日本は国際自立化を目指したのであった。

白人社会の支配下に甘んじる事なく、気の遠くなるような努力と忍耐を積み重ねた。

自らの経験をもとに、世界の、特にアジアの有色人種国家の自立を促した。

だが不幸にも、その結果が大東亜戦争に結びついたのであった。

スハルト率いるジャカルタ独立運動は、日本が連合国に降伏した二日後の八月十七日に集結し、インドネシアは独立宣言を行った。

スハルトは運動を支えてくれた日本への親愛と感謝を示して、独立記念日の年号を『〇五八一七』とした。

宣言を行った西暦一九四五年は、神武天皇即位の西暦紀元前六六〇年を元年とした日本独自の紀年法でいう皇紀二六〇五年にあたる。

スハルトはその年号と月日を合わせ、インドネシアの独立記念日と記し、ジャカルタの独立紀年碑にはこの日付が刻まれている。

しかし、インドネシアの独立を認めないオランダは、再び自国の植民地にしようと侵略を始めてきた。

迎え撃つインドネシアの抵抗も凄まじく、独立宣言を行った年から四年間に及ぶ激しい戦いがインドネシア国内で始まった。

日本陸軍は、インドネシア国内に『青年道場』という教育機関を作っていた。

そこで自立のための精神、戦闘技術や作戦を徹底的に教えた。

日本の指導のもとにインドネシア軍は、単なる寄せ集めの集団ではなく、欧米を相手に十分に戦える軍隊へと成長していった。

戦いの始まりと日本の終戦は、ほぼ同時期であった。

このまま日本に帰還するという選択もあった。

だがそれでは、『青年道場』で教えた意に反する。インドネシアを放棄して帰るわけにはいかない。帝国軍人としての責任が優先した。

四年間の戦いの結果、インドネシアに留まって独立戦争に加担した二千名の帝国軍人の半数、約一千名が戦死した。

祖国日本はすでに、復興の道を歩み始めていた。

毎年八月十七日に行われる独立記念式典では、大東亜戦争時のインドネシア郷土防衛義勇軍の緑色の軍服、腰には日本刀を吊るした出で立ちの将校が、インドネシアの国旗を掲揚する。

そして国民は、かつての日本軍の勇姿を讃え、日本の『愛国行進曲』を歌いながら旗を振り会場をパレードする。

インドネシア解放から七十年近く経った今でも続けられている、インドネシアの国家行事である。

日本陸軍が指導した『青年道場』での学びが、インドネシアに根付いた証である。

インドネシアのムルトポ准将は言う。

「日本はアジアの光である。

太平洋戦争はアジア独立のための戦争であった。

アジア人すべてが戦うべきだったのに、日本人が立ち上がって犠牲になった。」

しかしこういったアジアの声は、欧米の圧力によってかき消された。

平成二三年、インドネシア政府は独立戦争の司令官であったスディルマン将軍の像を日本に寄贈した。

今、この像は東京都市ヶ谷の防衛省の中にある。市ヶ谷は極東裁判において、日本の戦争指導者がアジア侵略の罪によって裁かれた場所である。

東京軍事裁判で判事を務めたオランダのベルナード・VA・レーリングは、

「人種差別が太平洋戦争の主因の一つだった。

連合国の国民は、日本人を人間以下とみなすように教育されていた。広島、長崎で数十万人を一夜のうちに焼殺したのも、日本人が人間ではないと感じていたからできたことであった。

私たちは、東京をはじめとする都市を爆撃して、市民を大量に焼殺したことが、念頭を離れなかった。

私たちは国際法を擁護するために裁判したはずなのに、連合国が国際法を徹底的に踏みにじったことを、毎日見せつけられていたから、それはひどいものであった。

もちろん、勝者と敗者を一緒に裁くことは不可能だった。まさに復讐劇だった。」

と話している。また、

「日本は先の戦争を、アジアをアジア人の手に取り戻すために戦った。

しかし日本に西洋の植民地勢力を駆逐する意図はなく、当時の日本の軍事力は防衛的な性格のものにとどまったものであった」とも述べている。

同じように戦後の日本占領にあたり、日本という国をつぶさに検分したマッカーサーも、昭和二五年十月、トルーマン大統領に対し、日本の行った戦争は正当防衛であったと正式に証言している。

昭和は六三年間続いた。

昭和天皇が崩御され、大喪の礼が催された時に、世界一六四か国の元首と代表が日本まで弔問に訪れた。

昭和という時代には戦争という負の遺産だけでなく、数多くの独立国が誕生するという輝かしい産物もあった。

一六四の弔問国には、独立間もないブルネイやジンバブエも含まれている。

日本の目指したアジア、アフリカの独立、解放が達成されつつあった。

特にアジアの国々の独立は、日本が有色人種国家の先陣を切って、ロシアや欧米諸国に挑んだ勇気ある結果の賜物である。

それにより、人種差別によるあからさまなカラーラインは影を潜めた。

時は止まらず動き続け、戦いも形を変えて続いていく。

地球上の人口はあと数十年で一〇〇億人を突破する。この地球上には一〇〇億人の全てを、今の欧米レベル並みに生活させられる資源も場所もない。

人口増が地球温暖化を加速する。

大東亜戦争では人が人を殺した。今度は人が地球を殺そうとしている。

今こそ大東亜のスローガンであった『四海皆同胞』の思想のもと、アジアのリーダーとして、地球を守るための戦いに挑む時であろう。

終わりに

早いもので、昨年で戦後七十年を迎えた。

昨年の宮中参賀では八万人の国民が、日の丸の旗を振りながら皇居へ向かった。

大東亜戦争で戦い、生き残って戦後の日本復興に尽くされた方々の多くも、不帰の客となられたであろう。

大東亜を語れる人も少なくなってしまった。

長い歳月を経て、我々は冷静に大東亜の歴史を見ることができる。


大東亜の幕開けはアジアの解放と独立支援であったはずなのだが、日本はアメリカの挑発に乗って開戦してしまった。

米軍は生きるために戦い、日本軍は死ぬために戦った。

これは国民性の違いではなく指導者の違いであり、それが生死を分けた。

どうしようもない状況まで追い詰められた日本の軍部は、『全滅』を『玉砕』という言葉に置き換え、玉砕する事を兵士の美徳とした。

アメリカの高レベルな兵器戦に立ち向かうにあたり、『玉砕』『神風』という思想戦で戦わせた。

最終段階の日本上陸決戦時には、女子供を含む全国民に、竹槍で戦うことを命じて抗戦姿勢を崩さなかった。

天皇の超法規的決断がなされなければ、日本は消滅していただろう。

二〇一五年、天皇、皇后両陛下は、大東亜戦争の慰霊として、ペリリュー島にて白菊の花を手向けられた。

この激戦の地には、敵将であったニミッツ元帥の記念碑があり、そこには次の文字が刻まれている。

『諸国から訪れる旅人たちよ、この島を守るために、
日本国民がいかに勇敢な愛国心を持って戦い、

そして玉砕したかを伝えられよ。

アメリカ太平洋艦隊司令官　C・W・ニミッツ』

こうして大東亜の時代を検証し、戦争の無意味さを痛感した。
日本の平和がとこしえに続き、我が国が、世界の平和をリードする一国となる事を切に願う。

身はたとひ
武蔵の野辺に朽ちぬとも
留め置かまし大和魂

【参考文献】

「太平洋戦争の肉声」（1）～（3）　文藝春秋
「歴史人 満州帝国の真実」　ベストセラーズ
「太平洋戦争 決定版（1）『日米激突』への半世紀」　学研マーケティング
「別冊宝島 昭和『軍人』列伝」　宝島社
「入門日本陸軍と太平洋戦争」　洋泉社
「ヒトラーと第三帝国の真実」　学研パブリッシング
「歴史街道」　ＰＨＰ研究所
「山本五十六自決セリ」　大野芳著　新潮社　学研プラス
「其の逝く所を知らず」　西木正明著　集英社
「美貌のスパイ鄭蘋如（テンピンルー）」　柳沢隆行著　光人社
「阿片王一代―中国阿片市場の帝王・里見甫の生涯」　千賀基史著　光人社
「月刊　日本」　ケイアンドケイプレス
「知っていますか、任那日本府」　大平裕著　ＰＨＰ研究所
「大東亜戦争で日本はいかに世界を変えたか」　加瀬英明著　ベストセラーズ

影佐禎昭年譜

年号	西暦	事蹟
明治二六	一八九三	三月七日、広島県沼隈郡柳津村一九七九にて出生
四三	一九一〇	三月、大阪府市岡中学校卒業
四四	一一	一二月一日、士官候補生として野砲兵第四連隊へ入隊
大正一	一二	一二月一日、士官学校へ入校
三	一四	五月二十八日、同校卒業（優等）
		一二月二十五日、任　陸軍砲兵少尉　野砲兵第二連隊附
四	一五	一一月二十八日、砲工学校入校
五	一六	一一月三十日、同校高等科学生　被命
六	一七	一一月二十六日、同校卒業（優等）
七	一八	七月二十九日、任　陸軍砲兵中尉
		北白川宮成久王殿下副官
九	二〇	一二月七日、陸軍大学校へ入学
一二	二三	八月六日、任　陸軍砲兵大尉

		一一月二十九日、陸軍大学校卒業　恩賜の軍刀を賜わる
		野砲兵第四連隊中隊長（大阪）
一三	二四	一二月十一日、参謀本部附
一四	二五	四月、陸軍兵器本廠附にて帝国大学法学部政治学科へ（三ヶ月）
昭和四	二九	四月、陸軍省軍事課員
		中国研究員、（北京、太原、上海に駐在）
		八月、任　陸軍砲兵少佐
六	三一	三月、参謀本部部員（支那課）
		一二月、支那駐屯軍司令部附
七	三二	八月、欧米に出張
八	三三	三月、支那駐屯軍司令部附
		八月、任　陸軍砲兵中佐／参謀本部部員（支那班長）
九	三四	八月、中国大使館附武官補佐官（上海駐在）
一〇	三五	八月、陸軍省軍事課課員
一一	三六	八月、野砲兵第二連隊附（仙台）

一二	三七	八月、任　陸軍砲兵大佐／参謀本部支那課長
		一一月、参謀本部第八課長
一三	三八	六月十八日、陸軍省軍務課長
		大本営陸軍大臣随員
		六月二十四日、対満事務局事務官
一四	三九	三月三十一日、参謀本部附大本営陸軍部附
		四月六日、対満事務局事務官被免
		八月十一日、任　陸軍少将
一五	四〇	三月、汪政府最高軍事顧問
		四月、中華民国派遣特命全権大使随員
一六	四一	六月、第七砲兵司令官（満州、東寧）
一七	四二	一二月一日、任　陸軍中将
一八	四三	六月十日、第三十八師団長（ラバウル）
二一	四六	五月二十七日、予備役（復員）／軍医学校へ入院（現国立第一病院）
二三	四八	九月十日、国立第一病院にて死亡
五一	七六	七月七日、勲一等旭日大綬章を賜わる

大東亜《だいとうあ》の嵐《あらし》

西山《にしやま》 進《すすむ》

明窓出版

平成二八年六月二五日初刷発行

発行者 ── 麻生 真澄

発行所 ── 明窓出版株式会社

〒一六四―〇〇一二
東京都中野区本町六―二七―一三
電話 (〇三) 三三八〇―八三〇三
FAX (〇三) 三三八〇―六四二四
振替 〇〇一六〇―一―一九二七六六

印刷所 ── 中央精版印刷株式会社

落丁・乱丁はお取り替えいたします。
定価はカバーに表示してあります。

ISBN978-4-89634-362-5

ホームページ http://meisou.com